Olten, 25.2.13
'Landjäger-Hydrant'

für Klaus!

Danke,
Roby Rum

knapp

*Für Daniela,
ihre Leidenschaft und
ihre Selbstlosigkeit.*

Rhaban Straumann

Ges(t)ammelte Werke

knapp

Die vorliegende Textsammlung ist ein Konzentrat aus den Bühnenprogrammen *Nachtfieber* und *Ges(t)ammelte Werke,* einzelnen Kolumnen und diversen Moderationen sowie bis anhin unveröffentlichtem Material. Der Autor empfiehlt: Zu Risiken und Nebentönen lesen Sie bitte zwischen den Zeilen.

Zu *Ges(t)ammelte Werke* schreiben die Kabarettistinnen Olga Tucek und Nicole Knuth: «Rhaban Straumann und Roman Wyss am Piano tanzen mit traumwandlerischer Eleganz auf irrwitzig gesponnenen Fäden absurder (aber wahrer) Schlagzeilen und heben das Publikum liebevoll und mühelos in die luftigen Höhen augenzwinkernden Scharfsinns: ein federleichter, wohlklingender Flug durch die rastlosen Gezeiten des Alltags!»

Ein Buch aus der *Perlen-Reihe.*

Mann erschiesst Waschmaschine

Meine erste gesammelte Schlagzeile lautet: «Deutschland. Dreijähriges Mädchen reisst per Velo aus und fährt nach Holland.» Das Kind legte in etwa zwei Stunden sechs Kilometer zurück und überquerte die Grenze. Die kleine Rennfahrerin bewältigte die Strecke mit Stützrädern. Die in Haren lebenden Eltern meldeten das Mädchen bei der Polizei als vermisst. Polizisten griffen die Ausreisserin schliesslich auf und brachten sie nach Hause.

Was denke ich zuerst? Wow! Die spinnt. Oder: Grandios! Was für eine Leistung, sechs Kilometer in zwei Stunden! Das arme Mädchen. So gefährlich. Rabeneltern. Die Polizei, dein Freund und Helfer, danke. Oder haben sie das Mädchen in Handschellen nach Hause geführt? Dafür die Eltern befragt, befangen beäugt, gefangen genommen, arrestiert? Oder denke ich, kann ein dreijähriges Mädchen überhaupt ausbüxen? Vorbild Fernsehen weckt Abenteuerlust. Oder schlicht nur verfahren ... ist die Situation der Eltern. Ja, in deren Haut möchte ich nicht stecken. Hatte es Gegenwind? Das Kind. Gäbe es die EU nicht, wäre der Ausflug bereits an der Grenze zu Ende gewesen. Bei Rückenwind wäre es vielleicht acht, neun oder zehn Kilometer weit gefahren. Gefahren lauern überall. Nur nicht daran denken. Genau. Woran dachte es? Peter Pan? Pippi Langstrumpf, Don Quichotte? Wohl kaum an Windmühlen. Wollte es sie bekämpfen? Musste es etwas beweisen? Unwahrscheinlich. Zu weise sind Kinder noch, um uns was beweisen zu wollen, um auf Leistung hinzuweisen, um stolz zu sein. Stolz kommt erst mit der Pubertät. Endet danach leider nie. Dabei denke ich an die hormonellen Heldentaten wagemutiger Männer. Manche verwechseln im Hormonrausch Alkohol mit Glückshormonen. Und Freiheit mit dem Gaspedal. Kriegsherren mit Sandkastenfreunden. Spekulationen mit Buchstabensuppe. Oder verstehen Potenz als Selbstwert. Und Kinder als ihr Spielzeug. Zurück zum Kind.

Ich male mir aus, was wäre, wenn die Polizei das Kind nicht gestoppt hätte, wenn nach sechs Kilometern statt der Polizei ein rasender Windstoss es anstösst. Es anhebt, in die Lüfte wie die Freundin von Peter Pan. Wie ein Wirbelsturm die Hexe mit Fahrrad in *Zauberer von Os*. Oszillierend schwebt das Mädchen in den Lüften über die Landesgrenzen. Grenzen kennt es keine. Es steigt vom Fahrrad, ich meine es flattern zu sehen, das Mädchen. Es schlägt hoch droben Rädchen und kichert um die Wette mit Vögelchen. Es zaubert ihnen ein Lächeln aufs Schnäbelchen. Und fliegt. Oder flieht? Flieht wohin? Dreijährige Mädchen fliegen nicht Prinzen zu, fliehen sie auch nicht. Vorsicht ist ihm noch fremd. Es zupft den Raben am Federhemd und krault ihm ganz ungehemmt den Kragen. Wagt zu fragen: «Wo ist hier der Landeplatz? Für Dreiräder?» Ganz nett weist der Rabe, ohne viel Gehabe, das Kind in den Westen. Es folge am Besten der Bise. «Danke», sagt das Kind und pedalt von dannen. Es trifft nach Minuten auf Kinder in Wannen, Drachenflieger in Kolonnen, Mädchen mit Teddybären und Buben auf Nachttöpfen. Auf Dreirädern, Fahrrädern mit Stützrädern, Traktoren, Gokarts mit Ersatzrädern, Bäder auf Rädern, Einrädern und Seifenkisten. Allesamt CO_2-neutral.

Allesamt lächeln sie, die Kinder, sitzen da, wissend, weise lächelnd. Mit dem Strahlen der Ausgebüxten hocken sie in ihren Büchsen. Die Kinder kauern unter dem weiten Himmelsblau, vom Warten kein bisschen grau, kilometerlang im Stau. Man staune, was sich da alles staut. Hoch droben, unter dem Himmel, stauen sich die Kinder auf ihrem Weg weg vom Spiegel der Zeit. Nicht der eigene Spiegel, nicht das eigene Spiegelbild treibt die Kinder über Wolkenhügel. Kinder wollen kein Spiegel sein von Eitelkeit. Überlegenheit und Rastlosigkeit, rastlose Untätigkeit treiben sie auf die Flucht. Kinder wollen es nicht, auch in ihren Träumen nicht. Aber sie können nicht anders. Sie kennen nichts anderes, als das was ihnen bis tief drinnen vorgespiegelt, vorgespielt, vorgeschaukelt, vorgegaukelt und gemachenschaft wird.

Bleibt die Frage, wird sich das Mädchen das alles fragen? Vielleicht. Hätte sich die Polizei Zeit genommen. Hätten sie es, statt es in Niederlanden aufzugabeln, in hohen Lüften fliegen lassen. Nun aber bleibt das Mädchen nichts anderes denn eine Schlagzeile über ein dreijähriges Mädchen, das mit dem Dreirad oder Fahrrad mit Stützrädern, egal, ausgebüxt ist. Über die Grenze hinaus, sich hinaus, einfach so. Was hinter der Schlagzeile steckt, ist Sache freier Gedankenspiele. Auch diese Schlagzeile hier: «Mann erschiesst Waschmaschine.»

Sonnenschein

mir scheint,
ich bin, was ich bin.

(ich bin)
    was mich quält,
    was ich nicht will,
    ist,
    nur Schein zu sein.

Sehen und gesehen werden

Es gibt Fragen, die würden unter anderen Umständen nicht gestellt werden. Gäbe es keine Blindheit beispielsweise, stellte sich die Frage nicht, ob sich für die, die nichts sehen, das «Sehen» aus «Sehen und Gesehen werden» erübrigt? Ich hoffe nicht. Und zugleich hoffe ich, dass die, die hören, das auch so sehen. Denn die, die nicht sehen können, wollen bestimmt auch dazugehören, egal, ob die, die sehen können, es hören oder nicht hören wollen. Oder nicht hören können. Auch so betrachtet gehören weder Sehen noch Hören zu den Selbstverständlichkeiten des Seins. Selbst das Reden ist eine Gabe auf Zeit. Eine Leihgabe der Natur quasi ist es für die einen Menschen. Für andere Leute eher eine Laune der Natur. Solcherlei Offensichtlichkeiten halte ich mir zwischenzeitlich gern vor Augen, indem ich sie andern vor Augen führe. Natürlich in der Hoffnung, dass ich nicht nur Gehör finde, sondern sie es mir auch schenken. Es vielleicht auch so betrachten …

Sprache kann man sich, egal, ob man sieht oder nicht, auch bildlich vorstellen. Das innere Auge ist dabei die Garantie für Fantasie, oft Quelle für Kreativität und manchmal verlässlicher als der Sehsinn. Nur bedarf es mehr Mut, auf den sechsten Sinn zu vertrauen denn auf scheinbar Sichtbares. Auf die Intuition zu hören. Da Mut zu den positiven Eigenschaften des Seins zählt, lohnt sich der Aufwand. Oft ertappe ich mich, dass ich mich vom Sehsinn auf eine falsche Fährte locken lasse. Konzentrierte Gesichter im Publikum zum Beispiel sind nicht immer sehr sympathisch anzusehen. Offenkundig tut uns Konzentration zeitweilig Seltsames an. Trotzdem kommt es vor, oft sogar, dass es genau jene Damen und Herren mit dem unabsichtlich griesgrämigen Gesichtsausdruck sind, die nach der Vorstellung die schönsten Worte finden. Worte des Dankes, des Lobes, der Kritik. Oder wie oft habe ich schon beobachtet, dass jemand erzählt, wie unglaublich schön es war, die Ferien, die Kabarett-Tage, die Tanztage, der Film, und dabei den Kopf schüttelt. Zuweilen heftig. Versuchen Sie es. Schütteln Sie den Kopf und sagen Sie dazu: Es war so schön …! Ob derart irritierender Mimik tut es gut, die Augen zu schliessen und mich auf mein Ohr zu verlassen. Ich verschliesse mich dabei ja nicht, sondern es ist eine Form der Konzentration – auf den einen Sinn. Vielleicht sollte ich mich zeitgleich auf meinen Gesichtsausdruck konzentrieren? Egal. Es kann hingegen durchaus auch vorkommen, dass mir die Fantasie dabei einen Streich spielt. Wenn ich mir zum Beispiel leere Worte wie «Reden schwingen» bildlich vor Augen führe, wird es auch nicht einfacher für die, die nichts sehen, wohl aber hören können. Hören werden sie nichts, denn er schwingt sie ja, die Reden. Anstatt sie zu sprechen. Bildlich gesehen. Das erklärt womöglich auch, weshalb ich dann und wann vereinzelte Polithengste, diese Hechte, Stiere und Fohlen in den Ställen von Bern und anderswo, nicht verstehe. Wie gesagt, für die einen ist das Reden eine Laune der Natur, andere betrachten es als eine Gabe auf Zeit. Manche sehen es als geschenktes Talent. Sollten sie vielleicht nicht, weil sie die Reden schwingen, bis mir Hören und Sehen vergeht. Das Schöne daran ist, das Vergehen von Hören und Sehen ist auch nur Ausdruck der Vergänglichkeit von Worten …

Freiheit mit Fehlern I

Sie ~~kam~~
   ging

als der Markt sie sich nahm,

langsam,

als er sich an ihr verging.

Freiheit mit Fehlern II

Tausende,
Aberhunderte sahen zu, gafften

Geifernde,
johlend, um nicht zu schweigen,

Kleider. Fetzen ~~von~~
   an sich Reissende,
vom ~~Sein~~
   Schein berauscht, um nichts zu fühlen.

Freiheit mit Fehlern III

Wir.
Hier gebildet, um (auch) Fehler zu ~~sehen~~
   begehen.

Wollen
ehrlich gut sein, ~~und~~
   ohne Gutes ~~tun~~ zu tun.
Ohne wissentlich
naiv zu sein.

Wollen
schlecht reden,
um nicht zu handeln.

Wollen
täglich alles,
nur nicht verzichten (müssen),
nur nicht mit Fehlern leben.

Von netten Menschen

«Paris. Französin vererbt Geld allen, die nett waren.» So die Schlagzeile. Hoffentlich wahr. Stellt euch einmal die Wut ihrer Verwandten vor! Sofern welche da waren. Davon gehe ich aus. Dass sie sind oder waren, nur nie für sie. Sonst hätte die eigenwillige Dame ihr Vermögen nicht netten Menschen vererben müssen. Rund zweihundert an der Zahl. Fremde waren ihr offenbar näher als Verwandte, Bekannte fremder als Fremde. Eigentlich ein Glücksfall, kriegen nette Menschen Geld und nicht die ferne Familie. Nette Leute dienen der Sache, dem Menschen eher denn Verwandte. Letztere zogen den Kürzeren, denn sie finden das voll daneben den Schuhen. Sie kriegen innerlich einen Kampf mit ihrer Gier. Kriegen den Krampf, weil andere was kriegen, wofür sie krampften. Die Apotheker und Busfahrerinnen, Metzger, Krankenpfleger und Stadtarbeiterinnen erhalten Lohn für grosszügige Menschlichkeit. Endlich. Nicht weil sie dachten, dass die Dame mehr auf der hohen Kante hatte, als sie je unter der Matratze haben werden. Menschlichkeit darf sich auch auszahlen. Einmal mindestens. Es muss nicht gleich zwölfmal sein. Ein zwölffaches Mehr wäre übertrieben, fänden alle, auch sie, die Betroffenen selbst. Ein hundertfaches wäre pervers! So viel Wert hat Menschlichkeit nie und nimmer.

Wie viel Geld der Grosszügigkeit zur Verfügung stand, erzählt die Zeitungsnotiz nicht. Das ist besser, so stehen den schönen Gedanken keine Zahlen im Weg. Nicht Vermögen, nicht Zahlen vermitteln schöne Geschichten. Buchstaben vermögen die wertvollen Gedanken zu formen. Würden Zeitungen wieder vermehrt schreiben, denn nur an Zahlen denken, *denken müssen,* würden sie mehr Inhalte drucken, könnten Buchstaben wirken und Worte Kraft entfalten. Würden sie sich weniger auf sich auszahlende Zahlen fixieren, *fixieren müssen,* könnten sie mehr Tiefgang liefern, von Menschen erzählen. Von Menschen, die mehr gemeinsam haben, als dass sie nur nett waren, zur alten Dame. Respekt. Der Krankenpfleger nahm sich Zeit, die Verkäuferin hörte zu, der Metzger gab ihr ein Supplement, die Stadtarbeiterin grüsste, der Apotheker plauderte, und die Busfahrerin fuhr sanft an. Ein Kind schenkte ihr ein Lächeln, und der schwarze Mann half ihr beim Aussteigen. O ja! Wie einfach wäre es, ein guter Mensch zu sein. Heute jedoch verwirrt, wer nicht selbstzufrieden egoistisch ist. Verwirrt wirkt, wer von Gier spricht. Verwirkt sein wird, wer an eine Annäherung an

Gerechtigkeit glaubt. Verprügelt wird, wer sich dafür einsetzt. Es prügelt ohnmächtig, weil nur Gier Wertschätzung erfährt. Ein Freak ist, wer sich nicht verkriecht. – Ist es heute wirklich wieder so schwierig, Mensch zu sein?

Zehn kleine Inselstaaten

Was sie noch sagten, vielleicht auch nur dachten, dachten zu sagen, zu sagen beabsichtigten, dannzumal im Jahr 2020, war: «Hu! Nun kam es doch viel schneller, als wir es uns denken wollten!» Das Schöne am Ende war, es traf alle. Zwar 180 Jahre zu früh, doch der Mensch erlebte diese endgültige Gerechtigkeit Punkt zwanzig nach acht Schweizer Winterzeit überall zur gleichen Zeit. Richtig, die gab es noch, die Winterzeit. 2050 sollte sie fallen, wurde 2019 beschlossen. Dreissig Jahre Auslaufzeit aus Rücksicht auf den freien Markt. Zur Schonung der regierenden Elite veranlasste diese, dass das Volk gezwungenermassen rebellieren werde. Ein Jahr vor dem offiziellen Weltuntergang 2200. Dank staatlich verordnetem Freiheitsdrang mit finalen Folgen könnte so das globale Ende dem Volkszorn untergejubelt werden. Aus Achtung vor der gescheiterten Klimapolitik. Das war Zukunft, nun der Reihe nach.

2019 wird, wie erwähnt, die Winterzeit zum Auslaufmodell. Die Weltengemeinschaft dachte, wenigstens ein umsetzbarer Beschluss sei zu präsentieren. Zumal sie sich durch das wortwörtliche Abtauchen der Mauritiusinseln unter Druck gesetzt fühlte. 2018. Um das Ansteigen des Meeresspiegels auszubremsen, werden Inseln abgetragen und vorsorglich als Damm am Festland auferstanden. Sie sind das selbstlose Opfer der G5-Staaten: Amerika steuert die Dominikanische Republik bei, Afrika versenkt Madagaskar, Europa und Australien beseitigen Island, Russland präsentiert die 124 Inseln von Tuvalu, die bereits zwei Jahre zuvor untergetaucht sind, und China opfert Japan. 2017 taucht gemeinsam mit den 32 Kiribati-Atollen der Inselstaat Nauru vom Weltgeschehen weg. Nichts geschieht 2016. Dank den Resten des Bankgeheimnisses kann die letzte Grossbank im Land verheimlichen, dass Liechtenstein im Besitz der Schweiz ist, nachdem es auch das durch Deföderalisierung aufgepäppelte Gesundheitssystem der Eidgenossenschaft übernommen hat. Das war 2015, ein Jahr, nachdem die mit einem Nebeneinkommen von 120 000 Schweizer Eurofranken dotierten Nationalräte unisono schworen, die vorletzte Krise von 2008 sei nie bei ihnen angekommen. 2013 wird «Ehre» im Namen des Volkes aus dem Wörterbuch gestrichen. Keine Sau versteht es. Den auf der Roten Liste verbleibenden «Ehrlichkeit», «Moral» und «Liberalismus» wird eine einjährige Galgenfrist gewährt. Ein Stadtpräsident verkauft 2012 mit Hilfe von Schergen der Wohlstandsgenossen und unter der Hand das brachliegende Industriegelände Olten SüdWest an den Inselstaat Nauru. Aufgrund verschärfter Asylpolitik der Bundesberner Politzwerge dürfen die 13 000 Insulaner jedoch nicht einreisen. Trotzdem kassiert der vor der Auflösung stehende Kanton Solothurn die Steuern der 13 000, aus Respekt vor den Hauptstädtern. Zum Zeichen, die Mächtigen der Welt seien zu rigorosem Verzicht fähig, werden 2011 Zypern und die Malediven getellert. Ein Senkungstest des Meeresspiegels, aus Rücksicht auf die Kunstinseln Dubais. Um dem Volk die Angst vor dem Klimawandel zu nehmen, wird weltweit der Glaube verordnet, mit dem definitiven Ende 2200 komme das Paradies. 2010 wird die Unfehlbarkeit des Schweizer Volkes an der Urne in der Verfassung festgeschrieben. Andere Staaten folgen. Mit Rücksicht auf die Tatsache, Unfehlbarkeit sei eher Wissen denn Glauben, wird die Kirche verstaatlicht und ihre Geschichte neu geschrieben. Der Grundstein dieses Countdowns wurde gelegt, als Ende November 2009 das erste Volk der Welt freiwillig und mit turmhohem Mehr die Glaubensfrage an die Politik delegierte. Damals, als die Freiheit die Führung der Menschen der Angst überliess.

Mondkalb

Mondphase I

Wie es zum Mondkalb kam, ist keine Göttersage. Eher Politik, Politik der Köpfe. Vielleicht trafen sich ganz simpel Kuh und Stier zum schlichten Schäferstündchen. Bei Vollmond sehr wahrscheinlich. Und da der volle Mond sich als Zaungast dabei zu laut ergötzte, wandten sich Stier und Kuh ihm zu. Sie luden ihn ein, ganz spontan, die deutsche Kuh und der italienische Hecht, pardon, Stier und fragten, wer er sei. Ganz wirr ob der internationalen Fragerei, zwinkerte er der Kuh zu, in der Hoffnung auf mehr, und antwortete dem Stier, wohl aufgrund dessen Autorität, er sei «la luna». Worauf der Stier, noch ganz angeregt vom Stelldichein, sich nahm, was er begehrte. Die Kuh liess er links liegen. Nach vollendeter Tat verlor der Mond darob seine Farbe, zog sich ans Firmament zurück und gebar auf seiner dunkeln Seite irgendwann ein bleiches Kalb. Und heute träumt er bei Leermond manchmal ganz leise, er besässe die Grösse, den Stier in einem möglichst tiefen Schwarzen Loch versenken zu können. Dann hört er sich jeweils lallend durch das All hallen: «All das bin ich.» Momente danach versteckt er sich ganz Schuster bei seinem Leisten, stellt sein Licht unter den irdischen Scheffel und spielt Golf mit seinem Kalb. Und die Kuh? Die Kuh hat sich, ganz hin- und hergerissen, ob sie nun den Stier auf den Mond oder doch lieber Letzteren vom Himmel schiessen solle, durch ihren Kummer verzehren lassen.

Walfreiheit I

Es gibt auch tierische Schlagzeilen. «Verirrt: Grosser Buckelwal in nördlicher Adria.» Verirrt? Nein. Ausgebüxt ist das Vieh. Und hätte sich das fünfzehn Meter lange Schlitzohr ein Dreirad schnappen können, wäre es schon lange jenseits der Grenze! Stellen Sie sich einmal einen Buckelwal auf einem Dreirad vor. Gelingt Ihnen schwerelos …

Vielleicht hatte der Wal dem Dreirad den Kopf verdreht und mit flunkerndem Funkeln in den Augen versprochen, sich leicht zu machen. Leicht gefallen ist dem Rad die Entscheidung, als der Wal den Bückling machte. Wie die Politik vor dem Markt. Der inzwischen auf dem Dreirad eingenickte Wal sucht den Rat der ausgebüxten Kinder. Hat die Kiemen voll von eingeknickten Menschen.

Einen Schuhwurf daneben

In Belgien stiehlt ein einbeiniger Dieb einen Schuh. Auch das erzählt uns eine Schlagzeile in einer Schweizer Tageszeitung. Unglaublich verwunderlich. Nur den einen Schuh. Und dann hat er auch gleich noch den richtigen Schuh stibitzt. Er hätte ja den rechten Schuh klauen können. Oder beide. Warum eigentlich hat er nicht den ganzen Laden ausgeräumt? Denn laut Zeitung ist er ein Dieb. Oder etwa nicht, weil er nur den einen Schuh mitlaufen liess? Wenigstens kann man dem Einbeinigen nicht Gier vorwerfen. Höchstens, dass er sein Adrenalin vor die Säue warf, um einzig und allein, einbeinig und einsam einen einzelnen Schuh zu stehlen. Habgier lässt sich ihm schon gar nicht vorwerfen, da er vermutlich nichts hat, worauf er hätte Anspruch erheben können. Habgier liegt näher bei Haben denn Nehmen, zumindest rein sprachlich. So wie Hauptorte näher an den Machtzentren liegen als alle anderen Orte. Rein apéromässig. Auch Banken sind der Versuchung näher als beispielsweise ein Kleintheater, wird die Anlage eingehender betrachtet. Kirchen offensichtlich auch. Die katholische Kirche zumindest, wie aktuelle Schlagzeilen offenbaren. Seit Jahrzehnten. Und jedes Mal ist die Entrüstung neu. Erstaunlich, dieses Kurzzeitgedächtnis, mindestens was die Misshandlungen und sexuellen Übergriffe seitens pastoraler Hirten betrifft. Im Gegensatz zur Bühne ist bei den Kirchen das Opfer nicht immer freiwillig. Bei den Banken finden sich nicht selten Dritte in der Opferrolle. Bezüglich Geheimnissen nehmen es die Banken inzwischen ein wenig lockerer als die Kirchen. Doch beide bunkern erfolgreich. Kirchen konsequenter, Banken offizieller. Banken haben grundsätzlich mehr, sollten sie auch. Kirchen nehmen. Das dürfen sie. Offiziell haben sie nichts, so, wie die Banken offiziell nichts über das Soll hinaus nehmen (sollten).

Zwischen Haben und Nehmen befindet sich das Kriegen. Wehe, Glauben gesellt sich dazu. Mit dem Glauben kommen die Fragen. Weshalb glauben manche Menschen, sie hätten mehr verdient als andere? Glauben sie das wirklich, oder denken sie, alle hätten so viel? Haben reiche Leute mehr verdient? Rein rechnerisch klar. Menschlich auch? Allein, weil sie glauben, dass sie für das Geld schufteten? Suchen sie sich deshalb Orte oder Wege, um (sich) mehr Geld zu erhalten als üblich, ehe sie sich mit Normalsterblichen in die Wolle kriegen, die mutmasslich nicht für ihr Geld schufteten?

Welcher Ort hat eigentlich mehr Reiche verdient? Und auf welchem Weg? Verdienen jene Orte mehr, die den Wohlbetuchten die Hand reichen? Der kleine Finger vermag da nicht auszureichen, so scheint es Gesetz zu sein. Natürlich dienen die vielen Millionen, die paar Milliarden und jene anderen Pauschalen auch dem Staat. Sie erweisen ihm einen Dienst, wie sie, die Betroffenen selbst, beiderseits, stets gern betonen. Nur glaubte ich das sagen zu müssen, weil ich vermuten würde, dass andere es hören wollten. Ginge es mir so. Liegt zwischen dem Glauben und dem Vermuten auch ein Stück Ehrlichkeit? Ich würde glauben machen wollen, dass ich dem Staat, dank dem ich mehr kriege und ihm weniger geben müsste, weniger zu geben habe, weil ich glauben würde, dass das, was ich nie kriegen werde, wichtiger sei als das wenige, das diejenigen kriegen, die weniger haben und verhältnismässig doch viel geben. Mehr sogar. Auch dem Staat. Ich verstehe das nicht. Irgendwo muss sich ein riesiges, bis anhin unentdecktes Loch verstecken, und ganz unten in dieser dunklen Grube kuscheln sich zufrieden Gerechtigkeit und das Glück all derer aneinander, die es offenbar gerechtfertigterweise nicht verdienen, für das Schuften etwas zu verdienen. Da lachen sich die beiden schrägen Vögel in ihrer Grube einen Schranz, dass kein noch so armes Schwein sie findet. Auch stünde es nur einen Schuhwurf von der Grube entfernt. Man sieht sie nicht.

Die Grube tarnt sich mit den Träumen der Kleinen. Kommt da das Geben nicht zu kurz? Geben offenbart sich bei denen, die viel haben, oft erst, wenn sie viel Aufmerksamkeit kriegen. Ausgenommen, die Aufmerksamkeit kommt via Google Street View. Und kriegen sie nicht, was sie wollen, können sie es sich nehmen, damit sie haben, was sie haben kriegen wollen. Warum nehmen wir also dem Kriegen nicht das Haben und denen, die haben, nicht das Nehmen? Denn so kriegen wir vielleicht einmal Frieden. Schön geträumtes Durcheinander.
Geträumt hat auch der einbeinige Schuhdieb. Um ihn geht es ja eigentlich. Obwohl er es sehr wahrscheinlich nicht verdient hat, der Schuhdieb. Verdient zu wenig. Da müsste er schon ganz prominent den einen Schuh werfen, um mehr Aufmerksamkeit zu erhalten als nur eine Schlagzeile. Es ist wesentlich einfacher, sich einen Halsabschneider bildlich vorzustellen als einen einbeinigen Einschuhdieb. Vielleicht war er naiv genug, zu glauben, er könne damit ein Zeichen gegen Sinnlosigkeit setzen. Womöglich wollte er zeigen, alle sollten nur so viel klauen, wie sie auch wahrhaftig nutzen könnten. Wie derjenige, der verlangt, man solle nur kaufen, was man wirklich benötige. Und das in einer Marktwirtschaft! Völlig verfehlt. Ja, Naivität könnte und müsste man ihnen deswegen vorwerfen. Irgendwie steht er mit seinen Füssen nicht fest genug auf dem Boden der Realität.

Der einbeinige Dieb. Auch weil er glaubte, davonzukommen. Schliesslich taten sich weder Beklaute noch Polizei schwer mit der eindeutigen Beschreibung des Einbeinigen. Irgendwie ist seine ehrliche Bescheidenheit bewundernswert. Warum können nicht alle so sein? Sich zu nehmen, was sinnvoll ist. Nur, wann beginnt Masslosigkeit und wo endet Sinn? Und was genau liegt da dazwischen?

Vermutlich liegt zwischen Sinn und Masslosigkeit ein kleiner Ort. Höchstens mehrere Schuhwürfe gross. An diesem Ort stellten einzig ganz schräge Vögel Fragen dieser Art. Zweimal jährlich würden sie sich auf einer Telefonleitung über dem ehemaligen Dorfplatz sammeln. Aber da ihnen das Klima vor Ort jedes Mal zu kalt wäre, zögen sie bald weiter auf der Suche nach Futter. Den Antworten. Wie die Zugvögel kämen die gefiederten Fragen immer wieder an den einen Ort zurück. in der Hoffnung, Antworten zu finden. Liessen sich für eine gewisse Zeit vertrösten, um schliesslich wieder der Kälte den Rücken zuzukehren. Die Fragen jedoch blieben Fragen, und diese bräuchten Raum. Sie liessen sich nicht mit Halbwahrheiten abspeisen. Weil ihnen irgendwann die Kraft fehlte, weiterzuziehen. Drum drängten sie sich an jenem kleinen Ort im Dazwischen auf dem gemeinen Platz, zusammengepfercht zwischen Luxusvillen und in Mobilität umgesetzter Verschwendung. Dabei schrien sie sich in ihrem Hunger nach Antworten den Hals wund, kletterten verzweifelnd übereinander und erstickten verzweifelt in der Masse. Die hintergangene Öffentlichkeit stünde da und sähe zu. Bald würden die offenen Fragen still, und ausgezehrte Figuren stünden mit schreienden Augen ihrem Ende entgegen. Die Fragen verhungerten, während sie auf der Fragen würdige Menschlichkeit hofften. Vergeblich warteten. Die Gerechtigkeit kuschelte sich mit dem Glück in ihrer Grube, wo sie auch zu bleiben beabsichtigte. Da sie das Tageslicht zu sehr in den Augen schmerzte. Zudem wäre ihr die Welt zu absurd.

Ohne Frage ist der Raum zwischen Sinn und Masslosigkeit ebenso eng bemessen wie der Platz für die Moral, der Raum zwischen Toleranz und Egoismus, Naivität und Bösartigkeit, Enttäuschung und Überforderung. Zaungast und Blindschleiche. Natürlich lässt es sich so leben, keine Frage, gut sogar. Manche bekanntlich besser. Grundsätzlich ist auch nichts gegen ehrlich verdienten und gepflegten Reichtum einzuwenden. Ungleichheit lässt sich ebenso wenig aus der Welt reden. Letztlich ist das Sehnen der Masse nach Popularität und den Gagen der Stars und Sternchen den reich Begüterten der Ablassbrief. Nur, ehrlich ist das nicht. Ehrlich wäre, Letztere stünden dazu, dass das, was sie nicht kennen, ruhig verrecken darf. Hauptsache, das eigene Kind überlebt die Pubertät. Ja, warum belügt uns die grossspurige Gilde mit grossstädtischer Weltoffenheit, die letztlich nur ihrem eigenen Kleinkram dient? Was soll das Kokettieren mit kosmopolitischer Grossherzigkeit, während sich hinter der strahlenden Fassade kleinbürgerliche Spiesser verstecken? Mit dem Glück gesegnet, mehr zu verdienen als andere. Aufrichtig wäre, die mit Geld Geadelten würden hinausposaunen, dass auch sie sich einzig und allein nur in ihrer beschaulichen Ecke wohlfühlten. Dort, wo keine Fragen gestellt würden. Im kleinen Eldorado der Kleingeister, wo sie sich, ganz unter sich, untertan ihrer Habgier, nicht der Welt stellen müssten, während sie in Kapstadt strahlten, in New York feierten, in Paris liebten und in Tokyo joggten. Als bescheidener Trost bliebe dem diebischen Antihelden vielleicht die Frage, ob sie in ihren goldenen Heimen im geteerten Vogelparadies zuweilen nicht auch von Menschlichkeit träumten. Hätten sie nichts. Ein allzu schwacher Trost. Denn darauf bedacht, nicht anzuecken, denunzierten die Nachbarn den Einbeinigen. Gerechtigkeit müsse sein, sagten sie sich. Die Wahrheit soll den grossen Träumen nicht die Sicht trüben. Der Schuhdieb wurde festgenommen, das wusste die Zeitungsnotiz noch zu berichten. Ich stelle mir vor, wie er bei seiner Ankunft im Gefängnis zusammen mit der Uniform für die Insassen ein neues Paar Schuhe erhielt. Zwei Schuhe. Einen linken und einen rechten.

Schicksal

«Obacht», flüstert das Obdach den Losen zu.
«Euer Los ist, ungerächt ungerecht zu sein.»

Dem Schwein das Glück

«Russland. Gewerkschafter hielt Vizedirektor für ein Wildschwein.» Tja, jedem das Seine, dachte die Sau, mir das Schwein. Dumm gelaufen ist der andere, der Manager. Sagte die Sau. Oder zu weit gegangen. Wie auch immer. Man kann drehen, wie es beliebt, der Klassenkampf ist und bleibt die Kehrseite des Kassenkampfs.

Dumme Un- und Einfälle

«USA. Kind stiehlt sich nachts aus dem Haus.» Ein dreijähriger Junge, wenigstens mit Trinkflasche ausgerüstet ausbüxend. Ganz offensichtlich türmen Kinder gern. Ausgeflogen, nicht getürmt, vom Balkon geturnt hat sich ein weiteres Kleinkind in Boston. Ein Fall zu Boston sozusagen. Auf keinen Fall möchte ich wissen, wie dem Kind dieser Einfall kam. Kam die Vernunft zu Fall? Haben Kleinkinder Einfälle? Oder sind das Unfälle? Hereinfallende Einfälle führen ebenso wenig zu Unfällen wie gestürzte Gedanken zu Stürzen. Eine grobe Häufung von Unfällen führt zwangsläufig zu Verfall, eine Häufung von Überfällen zeugt von Zerfall. Eine einfallende Horde eingefallener Gedanken überfällt ein anfälliges Kleinkind. Zum Umfallen ist das. Die Vorstellung, die Gedanken seien nicht unsere, sondern sie kommen. Woher auch immer.

Genau wie das Kind zum Einfall kam Maria zum Kind. Ganz unverhofft und ohne nachzudenken. Logisch, sonst wärs ja kein Überfall. Der überfällige Übervater hatte den einfältig dreifaltigen Einfall, mit

Engeln über die Erde herzufallen und über Maria einen neuen Glauben zu zeugen. Zeugen gibt es hierfür keine. Mehr. Ich bezweifle, dass es je welche gab. Ausser Josef hatte in einem Anfall von Mut vielleicht plötzlich den Einfall, dabei zu sein, ohne aufzufallen daran teilzuhaben. Für Maria ihrerseits war es auch nicht leicht. Leicht gesagt ist «Ja». Hätte sie sich vor dem Einfall zu diesem Überfall Gedanken machen können – nicht, dass es ein Unfall war –, hätte sie sich über die Folgen, über die auffällig blutigen Ein- und Über- sowie päpstlichen An- und Unfälle Gedanken machen können, hätte sie womöglich «Nein» gesagt.

Nein sagen konnte das Kleinkind nicht. Der Fall zu Boston, die Gedanken vor dem Einfall zu Maria. Ist noch nicht so lange her, das Kind, das vom Balkon stürzte. Zwölf Meter. Das habe ich noch nicht gesagt. Das war ja auch nicht mein Einfall, sondern wahr ist, nichts zieht den Tod so sehr an wie das Leben; mit jedem Meter. Wie wahr. Nur frage ich mich, was dem Kind so einfällt, sich vom Balkon zu turnen. Und stürzen sich bei einem Kind im Fall auch die Erinnerungen durch den Kopf? Das eigene Leben als Stummfilm vor Augen? Und doch hört man Stimmen. Wie sind da die Verhältnisse bei einem derart kurzen Leben? Sind da die Gedanken langsamer als bei einem Sechzigjährigen? Das Kind muss nicht zwingend weniger erlebt haben. Es muss auch nicht weniger tief fallen, obwohl, Hochmut ist eher eine Sache der Grossen. Das Kind könnte man fragen, hätte es überlebt. Hat es. Zwei Männer haben das turnende und schliesslich stürzende Kind beobachtet und in einem Anfall von Selbstlosigkeit aufgefangen. Glücklicherweise gibts noch Schutzengel.

Hoffnung

Mama Erde. «Mit 111 Jahren zum ersten Mal Vater.» Stellen Sie sich einmal die Freude der Grossmutter vor! Da dachte der Gute 110 Jahre lang: Ich bin, was ich bin – impotent. Potent hingegen war der Tumor, rumorte geschlechtsreife Jahrzehnte lang und versaute ihm die pubertäre Karriere. Zum Ausbüxen! Der Gebürdete jedoch nahm die lebenshohe Hürde mit Gelassenheit. Jetzt ist er weg, der Tumor, und die Lust plötzlich da. Es ist nie zu spät, war der Gedanke damals mit 110. Er liess den neu erwachsenen Kräften freien Lauf, diese entfalteten sich wie ein Kind, das Gehen entdeckt, wie ein gebeuteltes Volk, das Freiheit riecht nach Jahrzehnten langer krankenkassenhafter Unterdrückung.

Henry, so heisst der schlingernde Schlingel, paarte sich in der Folge mit der rund dreissig Jahre jüngeren Mildred. Wie der Lehrer, der seine dreissig Jahre jüngere Schülerin ehelichte. Oder der rockende Promi, der nach dreissig Jahre jüngeren Röcken greift, um zu vergessen, dass ihn sein kopftuchgeschwängertes Haupt nicht vor dem Alter schützt. Auch immer eine

Schlagzeile wert. Zum Haareraufen. Im Gegensatz zu Lehrer und Schülerin, Rocker und Küken schafften Henry und Mildred elfköpfigen Nachwuchs. Kein Wunder bei einem Vorspiel, das auch Jahre dauern kann. Das schaffen sie beim Film nie.

Ob die Freude der Grossmutter sich beim elfmäuligen maulenden Nachwuchs auch um das Elffache steigerte, sei dahingestellt. Mildreds Mama, womöglich gleichen Alters wie der gute alte Henry, fühlte sich zu alt für die Betreuung der krippengrossen Kinderschar. Gleichzeitig elf Krippenplätze zu finden, stellte die junge Grossfamilie vor eine schier übermenschliche Herausforderung, wären sie nicht im Pensionsalter. Eigentlich ein seltsamer Gedanke, Krippenplatzsuche sei ein moderner Zug. Suchten nicht schon Maria und Josef im arbeitsfähigen Alter eine Pension? Und fanden die Krippe? Stellen Sie sich das biblische Paar einmal mit elfköpfigem Nachwuchs vor. Gegebenenfalls wären damit Christentum und Abendmahl eine Familienangelegenheit geblieben. Und das Neue Testament wäre die Familienchronik. Kein Familienstreit würde den Frieden im Nahen Osten, in diesem Kaleidoskop gescheiterter Weltpolitik, gefährden.

Versuche ich mir nun aber Mildred, Henry und ihre elf Frischlinge menschlich zu denken, klingt das irgendwie unmöglich, ziemlich seltsam und allenfalls lustig. Nachvollziehen kann ich es nicht. Kein Wunder, denn unmenschlich, beinahe göttlich alt ist die Rasse des Gatten Henry und der begatteten Mildred. 200 Millionen Jahre existieren die Brückenechsen schon. Ja, geben Sie nie auf.

Schöpfung

«USA. Fruchtbarkeitsklinik will Wunschkinder anbieten.» Ein blauäugiges, blondes Mädchen vielleicht? Oder schwarz-weiss gefleckt wie ein Dalmatiner? Die Paare sollen in den an Ideen fruchtbaren Furchtbarkeitskliniken sogar die Hautfarbe wünschen können. Welches ist wohl für viel reisende Eltern die politisch korrekte Hautfarbe ihres Vorzeigekindes?
Den ganz Kreativen unter uns würden zwei verschiedene Augenfarben gefallen. Da braucht es kein Piercing mehr, um aufzufallen sind grün-blaue Augen angesagt. Wobei, was auffällt, gefällt, wird Mode und Erscheinungen vergehen; Kinder bleiben keine Kinder, schon gar keine Vorzeigekinder, zeugen auch mal Kinder. Natürlich. Alles lässt sich steigern.

Vergeht der Jöö-Effekt, geht den Designereltern spätestens im Blockflötenalter das Interesse an den Designerbalgen flöten. Mit der geflöteten Liebe der Eltern zu ihren flötenden Balgen offenbart sich, dass der Erziehung irgendwann im letzten Jahrhundert die Leidenschaft abhanden gekommen ist. Vielleicht eine Spätfolge der «Ichliebimmernurmich-68er».

Und sagt jetzt bitte nicht, warte nur bis du einmal Kinder hast, dann kannst du verstehen, dann, mein Lieber, wünschst du dir auch ein Designerbaby. Klar doch! Und zwar sofort. Aber dann bitte solch ein Wurf, der sich beim Griff zur Blockflöte in Luft auflöst. So lassen sich sogar mehrere Goofen halten. Nacheinander, wohlverstanden. Vielleicht müsste man mit zunehmendem Alter meinerseits den Griff zur Blockflöte vorverschieben, genetisch frühreife Blockflötler. Ja! Wenn schon Design, dann bitte richtig kreativ.

Womöglich ist aber alles nur halb so schlimm und die Fruchtbarkeitskliniken machen nur zum Schein auf furchtbares Design. Um den Beweis zu erbringen, dass Charakterstärke nicht eine Frage der Gene ist. Und wer nun sagen möchte, zu denken wagen will: Die Vernunft! Die Vernunft werde sich durchsetzen, dem antwortete ich mit einer weiteren Schlagzeile: «Erfolg. Wissenschaftler in Dubai haben erstmals Kamel geklont.» Nach Öl überschwemmen sie uns bald mit Kamel. Als nächstes klonen sie womöglich die Drei Könige. Oder Federer. Heimlich. Damit die geklonten Versionen nicht in der Schweiz pauschal besteuert werden. Und Blockflöte spielen lernen.

Sein

Allein muss nicht einsam sein.
Einsam muss nicht allein sein.
Geniessen lässt sich beides.
Einsam ist, wer es nicht kann.

Freie Liebe

«Bern. Ein Liebespaar verirrt sich ebenda.» Nicht, dass die Stadt so gross wäre, es ist eine Schweizer Stadt. In Europa ein Fleck, für Grossstädter ein Ruheschreck. Schweizer nennen gross ganz keck, was für andere ein Fliegen ... Nest wärs für Araber, Russen und Chinesen. Dennoch, ein älteres Liebespaar verirrte sich in Bern. Haben sich verliebt im Heim. Die beiden haben losgelassen. Sich neu entdeckt im Altenheim und zogen aus für einen Tag vom Land ins Provinzhauptstädtchen. Sie zogen aus, die Turteltäubchen, halten Händchen, kosen sich Liebchen und schmusen heimlich. Zeitlos glücklich. Die Liebe raubt ihnen den Orientierungssinn, das Alter die Gedanken an das Heim. Oder umgekehrt. Vollkommen egal.

Das die Schlagzeile, bereits ausgeschmückt. Nichts ausgedacht haben sie sich, dabei waren sie so vernünftig. Den Kopf verdreht haben sie sich, keine Blume war ihnen Liebe genug. Genug Liebe ist ausgebrochen, um auszureissen für einen Tag. Sie sind ausgebüxt wie in jungen wilden Jahren, liessen weit weg fahren die selbst auferlegten Schranken. Kein Geld auf der Bank. Da sitzen sie und erzählen sich stumm ihr Leben. Sie blättern sich durch den Herbst ihrer Erinnerungen. Sie überbrücken die Schlupflöcher des Vergessens mit Küssen und glätten die Falten der Zeit mit gedachter Abenteuerlust. Kein Klingeln, kein Daumen-Abc stiehlt ihnen diesen unendlichen Moment.

Das wars auch schon. Vielleicht war es der Hunger, der Herbst, die Kälte, der Gedanke an die Nacht, das Unvermögen. Schlicht und einfach eine bescheiden grössere Macht liess die beiden einen Landjägerposten nach Hilfe ersuchen. Kein Grund, den Weg selber zu suchen, zu abgelegen das Heim, abgelegt der pubertäre Karrierestolz, freuen sich wie Dreijährige. Sie freuen sich echt über einen kleinen, feinen Ausflug mit Fantasie. Einfach so.

Walfreiheit II

«Buckelwale. Lokale Liebschaften bevorzugt.»
Hm … Stellen Sie sich einmal zwei frisch verliebte Buckelwale vor. Ein Grinsen übers ganze Gesicht. (Wo endet beim Wal das Gesicht? Egal.) Zärtlich knutschend. Vorsichtig, da ein Knutschfleck fatale Folgen hätte. Kein Halstuch könnte die Knautschzone kaschieren. Da müsste schon ein Ganzkörpertuch erfunden werden. Wassertauglich, schwebten sie nicht auf einem Dreirad davon, singend. Glückselig gleiten sie im Horizont entlang. Er pedalt, sie hockt auf dem Lenkrad …

Hommage an die Grosseltern

Die Köpfe drehen sich nach dem ratternden Schnurren eines Dieselmotors, die Herzen schlagen höher beim Knistern einer Schallplatte. Beides berührt bereits heute keine Generationen mehr. Zu oft, zu schnell jagen sich Wandel und Mode, zu knapp wurde der Abstand zwischen den Generationen. Vorbei ist die Zeit, als die Pioniere noch die Welt veränderten. Heute tut es das Klima, tun es die Grossbanken.

Keine Generation hat mehr Veränderungen erlebt als die der Eltern, Grosseltern oder gar Urgrosseltern, die mindestens in zwei, vielleicht in drei Jahrhunderten gelebt haben. Sie haben in einem Leben erlebt, wie das Licht sich veränderte. Sie beobachteten, wie das Licht die Nacht veränderte. Sie haben überlebt, wie Radio, Film und Kino kamen, wie die beschleunigte Unterhaltung sich überrundete. Sie nahmen wahr, wie mit den Kriegen Bomben, Propaganda und Volkswagen wuchsen. Sie sahen die goldenen Jahre gehen und die Depression folgen. Sie haben Wandel initiiert, dessen Tempo jetzt irritiert.

Veränderung ist heute so wandelbar, dass Neu morgen bereits Alt ist. Selbst dem Wert reicht die Zeit kaum mehr für den Zerfall. Zerfallen ist auch die Bande zwischen den Generationen. Die Alten sind den Jungen kein Generator mehr. Eher umgekehrt. Die Jungen sind den Alten eine Geissel. Umgekehrt haben sich auch die Autoritäten. Aus Angst fehlt den Alten der Mut, Jungen Paroli zu bieten. Dem Staat fehlen die Parolen, die Wirtschaft zu regeln. Der Mensch vermisst die Regeln, um Gesetze zu leben. Den Gesetzen fehlt die Kraft, um wahrhaftig zu gelten. Politiker lassen das Wissen vermissen, um Gewalten zu trennen, und Bundesräte suchen das Charisma. Abhanden gekommen sind die Taten.

Im Vakuum der Untaten durch Untätigkeit zerbröckeln die Brücken zwischen den Generationen. Ebenso leise und gekonnt, wie manchmal Wissen und Alter Verstecken spielen. Bröckeln die Brücken, finden die Bande zwischen den Generationen den Weg nicht mehr. Dann fällt die Zweijahrhundertgeneration, und die Dreijahrhundertgeneration kommt der Welt gänzlich abhanden. So gehen Menschen und Entschleuniger, Geschichten und Bewusstsein verloren. Es gerät in Vergessenheit, was nicht immer selbstverständlich war. Da ist Zeitloses in Not, tut Nostalgie gut.

Alles Gute zum Geburtstag

Sind Geburtstagskinder glückliche Kinder? Nicht zwingend. Manche mögen nicht älter werden, andere wollen nicht. Einzelnen, vielen Einzelnen sagt die Einsamkeit nicht zu, die speziell an Geburtstagen um die Ecke schielt, als wäre Weihnachten. Und wann eigentlich feiern jene Kinder Geburtstag, die ihren Geburtstag nicht kennen? Pardon. Das war nicht fair, weil nicht alle interessiert, wie es andern geht. So frei sind die Gedanken auch hierzulande nicht. Und vor der real existierenden globalisierten Welt schliesslich wussten wir auch nichts von hungernden Kindern und anderen Nichtigkeiten. Schrecklich, wie Wissen anstrengend sein kann. Da feiern wir uns lieber für etwas, das eigentlich ohne unser Zutun geschieht. Jahr für Jahr älter zu werden, ist mindestens hierzulande keineswegs eine übermenschliche Leistung. Eher, wenn wer nicht noch älter werden möchte, wirds schier un- oder zumindest übermenschlich. Die Jahre aber fallen uns in den Schoss wie Falten ins Auge. Jahr für Jahr. Manchmal schneller. Und sollten offiziell die Haare nie grau werden wollen, gibt uns der Körper Saures. Ja, wer um Himmelgottes willen hat die Schwerkraft erfunden? Wir wären nie und nimmer derart schwerfällig, gäbe es sie nicht.

Natürlich existieren löbliche Ausnahmen, die sich mit bewundernswerter Disziplin geistig und körperlich fit halten. Nicht nur mithilfe von Sudokus, Kreuzworträtseln und Treppensteigen, sich täglich mehr als nur zwanzig Minuten zu informieren und wöchentlichem Arschbackentrimmen. Nein, diejenigen, die im Leben täglich eine Herausforderung sehen, von Klein bis Gross, von Trotz-Regen-aufs-Fahrrad bis Wovon-lebe-ich-heute. Früher waren das schier alle – ausser vielleicht die Ambassadoren – unsere Grosseltern und jene noch grösseren Eltern, alten Grossen und Urhasen. Eigentlich seltsam. Über all die Jahre und Geburtstage hinweg, meine, dann seine und über die aller andern ist das Leben für viele einfacher geworden. Vieles andere auf Kopfhöhe leider Gottes auch. Heute denken die Maschinen. Autos warnen vor Auffahrunfällen, Fotoapparate gestalten dir dein Bild, Natels deinen Alltag, Facebook bestimmt deinen Freundeskreis, und der Computer denkt dir die nötigen Zusammenhänge. Trotzdem gibt man sich erstaunt, dass sich heute wahre Innovation auf neue Ware beschränkt. Von den Forderungen des Lebens braucht sich niemand mehr herausfordern zu lassen. Das ist gut so. Die Gefahr der Überforderung ist zu gross. Meine Herausforderung besteht nun darin: Wie bringe ich in irgendeines Gottes Namen diesen Text wieder zurück auf die harmlose Geburtstagsschiene, worüber sich die einen freuen, andere weniger, aber sollten, weil andere es so wollen? Diese Geburtstage, die in unserem Sprachraum so was von furztrocken und emotionslos sind. Rein sprachlich. Während die englisch sprechenden Amis «Happy Birthday» singen, verkünden die ewigen Napoléons den «bon anniversaire». Im südlichen Desaster gratulieren sie zwar auch nur zum «compleanno», aber das tönt wenigstens schön. «Geburtstag» hingegen tönt irgendwie nach Arbeit. Wie Freitag. Ist höchst selten ein freier Tag. War es vielleicht vor 2000 Jahren, bevor die Christen den Kelten oder Alemannen oder Rauracherinnen ihren Glauben aufgezwungen haben. Aber heute? Wer deutsch spricht, arbeitet oder glaubt. Oder glaubt zu arbeiten. Oder lässt andere glauben, man arbeite.

Vielleicht werden ein paar Wir-unter-uns deswegen nicht gern älter. Weil Geburtstag zu sehr nach Alltag klingt. Schliesslich war der erste Tag für die meisten Beteiligten ein Krampf. Und für den werdenden Vater ein Kampf, nicht ohnmächtig zu werden. Hier wenigstens ist die Sprache ehrlich. Man kann ja nichts tun, nur ohnmächtig zusehen, wie die Ohnmacht mich überfällt. Sonst hat die Sprache eher ein schwieriges Verhältnis zum Leben. Starkstromleitungen locken mit Lebensgefahr, anstatt vor der Gefahr des Todes zu warnen. Kopfschmerzen betteln nach Kopfwehtabletten, nicht etwa dagegen. Oder Krankenkassen. Da hat Schwein, wer nicht krank wird beim Lesen. Die kranke Kasse. Einzig der Fiebermesser sagt, was er will. Mehr. Immer mehr.

Irgendwie morbid, unsere Sprache. So betrachtet, sind die Punks mit ihrer (äusseren) Art die ehrlichsten Zeitgenossen, und Sprache ist nur der ohnmächtige Ausdruck dessen, was unsere Kultur vom Leben hält. Schliesslich feiern wir Tote mehr als Lebendige. Posthum erfolgreiche Künstler werden mehr verehrt denn lebende. Denkt einmal an die grossen Jubiläen gewaltiger Künstler. Je mehr die Hundertschaft an Jahren, desto grösser das Fest. Oder die zelebrierten Todestage von klingenden Namen. Wir feiern mit Pomp die Taten längst verblichener und schliesslich rosa eingefärbter Geschichte, anstatt zu ehren, was wir anpacken könnten. Und sei es nur das eigene Leben, Jahr um Jahr um ein gelebtes Jahr reicher.

Manchmal bescheren uns bestätigende Ausnahmen glückliche Tage, und Geburtstagskinder lassen sich feiern, manche mit Künstlern, auch freien oder lebenden, vielleicht sogar lebendigen. So betrachtet, dürfen Geburtstage gern gemeine Arbeitstage bleiben. Ich wünsche allerseits frohes Älterwerden!

Toast oder Trost

Es ist zum Beweinen.

Andersrum I

Was ihr seht,
ist nicht, was ihr steht.

Schön, das Gäu. Gell

Leuenberger: «Flüsterbeläge haben bald ausgeflüstert.» Lustig, die Zeitungsschreiber, immer für ein Wortspiel zu haben. Wäre eigentlich mein Brot. Aber heute, wo alle alles können, schreckt man vor nichts mehr zurück. Gut. Zugegebenermassen muss ich zugeben, wäre ich nicht Schauspieler, wäre ich vielleicht Journalist. Bestimmt kein Polittier, obwohl … manchmal klinge ich wie ein Politiker. Manche haben es im Blut … Doch eigentlich wollte ich was zum Flüsterbelag sagen. Sind ja jetzt Bundessache, die Nationalstrassen. Bundesratssache. Zuvor war es Angelegenheit des Regierungsrats. Der spricht hier nicht. Wurde ja nicht dazu eingeladen. Also vertrete ich ihn. Versuchsweise. Ich sage Ihnen zum Beispiel gern (noch einmal), dass sich im solothurnischen Gäu das wichtigste Autobahnteil Europas befindet. Ein schwacher Trost, wenn der Wirtschaftlichkeitsfaktor jener paar Kilometer offenbar dem eines Waldwegs entspricht. Mit tiefem Wirtschaftlichkeitsfaktor gibt es keinen Lärmschutz. Tja, wenn nur noch zählt, was rentiert, existieren bald nur noch die Zürcher Bahnhofstrasse und die RailCitys der SBB. Der Rest wird an einen chinesischen Kleiderfabrikanten verkauft. Wirtschaftlichkeitsfaktor? Absurd. Genau so ein Unding wie Kantonsgrenzen. Halten künstlich Infrastrukturkosten in hoher Schwebe. Verhindern, dass das kranke Gesundheitswesen gesundschrumpft. Das aber ist ein ganz anderes Thema ... Wer Radio hört, kennt Härkingen. Beziehungsweise das Gäu. Nicht wahr? Nun zu den Verkehrsmeldungen ... Auch wer lesen kann, kennt Härkingen. Warum jedoch mein Brief von der rechten Oltner Stadtseite zu meinem Vater auf der linken eine Schlaufe via Härkingen drehen muss, verstehe ich nicht. Inzwischen verteile ich meine Post in Olten mit dem Fahrrad. Nun gut, Sinnfragen sind nicht opportun. Sie lassen sich nicht mit dem Wirtschaftlichkeitsfaktor beurteilen. Trotzdem, wer liest, kennt das Gäu, obwohl er noch nie da war. Und geografisch einordnen kann er es auch nicht. Für den Italiener liegt das Gäu in Deutschland, für den Holländer in den Bergen, für den Russen bei Zürich, für den Amerikaner in Europa, für den Europäer in der namenlosen Stadt Mittelland im zentralsten Quartier, Region Olten genannt, und für den Rest der Schweiz an der Autobahn.

Nun fragt sich, was will das Gäu? Die Einstellung der Restschweiz ist die respektloseste. Traurig, aber wahr. Die Haltung der Russen die lukrativste. Die europäische Variante wäre die ehrlichste. Tja, irgendwie sind Autobahnkreuzgegenden und Eisenbahnknotenpunkte Schicksalsverwandte. Olten kennen auch alle. Von der Durchreise. Ist doch unglaublich arrogant, zu sagen, ja, kenne ich, bin da schon durchgefahren, durch Härkingen.

Ich finde, Gäu und Olten sollten sich zusammentun. Und die sogenannte Restschweiz einmal dazu zwingen, in Olten und im Gäu auszusteigen. Die Gäuer sollten in diesen Tagen einfach das Einkaufszentrum Gäupark schliessen. Sonst haben sie nichts von der friedlichen Rebellion ausser Verkehr und Lärm. Gäupark. Das ist das Dubai des Kantons Solothurn. Hingeklotzt. Steuern bezahlen sie womöglich auch keine hier … Ja, warum nicht einmal so!? Kreativer, ziviler Ungehorsam. Autobahn sperren, ein verkehrsfreies Gäu mit einem riesigen Markt auf den Kantons- und Dorfstrassen. Die Oltner und Oltnerinnen würden parallel dazu die Züge nicht mehr aus dem Hauptbahnhof rauslassen und machen in der Stadt ein Musik- und Theaterfestival. Und all diejenigen, die nach wie vor «Oltener» statt «Oltner» schreiben, werden besagtes Wort x-fach auf die Hauptstrasse kreiden müssen. Und plötzlich sehen die Menschen, dass Gäu und Olten mehr sind als nur Lagerhalle und Knotenpunkt der Schweiz, dass sie genauso viel zu bieten haben wie andere Knotenpunkte. Nur liegen Gäu und Olten zentraler, sind halb so teuer und vielleicht doppelt so herzlich. Hoffnung darf sein. Oder etwa nicht?

Andersrum II

Was ihr steht,
ist nicht, wo ihr steht.

Wo ihr steht,
ist nicht, was ihr seht.

Wo ihr geht,
ist nicht, wo ihr steht.

Was ihr begeht,
ist vielleicht, was ihr begehrt.

Seht ihr nur, was ihr versteht,
ist ganz unbegehrt,
wo ihr steht.

(Menschen) unter Strom

«USA. Nach einem Schneesturm hocken mehr als eine Million Menschen im Dunkeln.» Und während die Stromversorger gleichenorts tappen, verkünden sie, es könne rund zwei Wochen dauern, bis wieder Licht werde. Und dann? Babyboom. Das wirft doch ein ganz anderes Licht auf die bevorstehende Stromlücke. Freuen wir uns.

Das hohe Lied auf Einkaufszentren

«Holland. Tanken für einen Cent pro Liter Benzin.» Danken dürfen die Tankenden an der Tankstelle in der holländischen Stadt Genderen einer Softwarepanne. Eine Nacht lang kostenlos tanken. Wow! Danke! Und da sich die Schnäppchenjäger mit ihrem Jagdutensil anständig genug stauten, kamen sie trotzdem nicht um ihren Schlaf. Wohl dank Heerscharen von mobilen Kurzmitteilungen sprach sich zuvor die Nachricht vom billigen … Wobei, bei SMS von Sprache zu sprechen, spricht von seltsamer Rede. Na dann also so: Dank jauchzenden Däumlingsfanfaren säuselte sich die Frohbotschaft vom erlösend billigen Benzin in Windeseile herum, und die zum strahlenden Selbstbedienungstempel verkommene Selbstbedienungstankstelle erlebte einen riesigen Ansturm.

Wie fühlte sich die Tankstelle dabei? Fühlte sie mit, wie andere glückselig ihren Tank füllten? Füllte sie sich mit Erlösung, während die blecherne Herde ihre Gaben nahm? Während andere aus dem Vollen schöpfend sie schröpften, ihre angebetete Karosse wie ein junges Fohlen fütterten, in die Vollen greifend ihren Liebling mästeten? Ich halte meine Hände dafür nicht ins Feuer, aber ich glaube … Auch das ist ein Spiel mit dem Feuer: Glauben. Schlimmer noch: In Verbindung mit Benzin. Also, ich meine … Noch so eine seltsame Wortschöpfung: meine, meinen, «ich meinti». So was von schwabbelig. Meiner Meinung nach meinen die Meinen mich zu kennen. Glauben sie. Ich behaupte, die besagte Tankstelle fühlte sich vor allem leer.

Ebenso leer, wie sich ein unterforderter Kopf jener Cowboys fühlen muss, die stundenlang im Stau stehen, um sich ihren Traum von einem Cent für einen Liter Benzin zu erfüllen. Was für eine vorzügliche menschliche Gabe! Kilometerlang im Stau stehen, in Erwartung, sich billig den Tank füllen zu können. Dieser unzähmbare Freiheitsdrang, sich geifernd den Wagen mit Schnäppchen zu bestücken und hechelnd nach Aktionen zu schnappen. Durch Einkaufszentren in der Wildnis des begrauten Grünen zu hechten. Gesegnet mit der unverfrorenen Weisheit, die Fahrt in die süssen Kopfschmerzwelten an idyllischen Autobahnkreuzen mit der mutigen Flucht aus dem beengenden Grau einer Stadt zu begründen. Sich in irre Sinnlosigkeiten mit dem Irrglauben einfältiger Vielfalt zu flüchten. In der gierigen Hoffnung, sich mit den geschnappten Aktionen mehr als nur die Abfallgebühr für all den unbrauchbaren Mist und verdorbenen Ramsch zu ersparen. Und dabei beklagen sie sich entrüstet über die Gier von Bänkern und Managern.

Sollte all den Einkaufswagenpiloten und Rappenspaltern mit untrüglichem Killerinstinkt für Aktionen durch diese unpässliche Heuchelei dummerweise irgendeinmal die Zunge verfaulen, wäre es plötzlich ganz still. Nicht nur in Einkaufszentren. Durch stille Schalterhallen hallte plötzlich der markterschütternde Ruf einer überforderten schweigenden Mehrheit. Stillgelegte Tankstellen und stumme Einkaufszentren würden zu mondänen Museen für nie gebrüllte Entschuldigungen der monetären Welt der gutgläubigen Kleingeister. Die Ikea-freien und von grossen Billigdetaillisten befreiten Zonen würden zu trotzigen Mahnmalen für unterschwellige Rattenfängerei und niederschwelende Kundenhetze. Da diese Zentren der Leere dadurch kaum interessanter werden würden, würden sie bald sich selbst überlassen werden. Würden sie mit ihrem Zerfall den gesellschaftlichen verhindern. Würden Kinder in Wäldern plötzlich wieder Abenteuer entdecken und Verliebte Romantik erleben. Würden Einwohner wahrnehmen, wo sie wohnen, und begännen da zu leben. Würden Füsse, Beine, ja ganze Körper herhalten müssen, wofür sie geschaffen wurden. Würden Tankstellen vielleicht wieder bedient werden. «Einmal volltanken bitte?» –

«O ja, gern!» – «Einmal die Scheiben putzen?» – «Ja, bitte. Bitte!» Und dann dieses Strahlen durch die Windschutzscheibe. «Luftdruck kontrollieren?» – «Bitte. Ja, bitte.» Welch eine Entlastung. Nicht nur die Tankstelle erlebte wieder ein Stück Lebensqualität. Kein Design oder Nichtsein abhängig von Computerpannen! O ja, wie gern würde ich pro Liter Benzin einen Cent mehr bezahlen für diesen unbezahlbaren Charme einer bedienten Tankstelle. Wir werden sehen.

Zeitgeschehen

Sehen, was ist,
ist
sehen, was (was) isst.

Mein nostalgisches Menschenbild

Man soll Feste feiern, wie sie fallen, Krise hin oder her, bis zum Umfallen. Das dachten sich vielleicht auch die vier unbekannten Räuber, welche laut Zeitung einen Lastwagen raubten: «Italien: Champagner für 2,2 Millionen Franken geraubt.» Das sind Tausende von Flaschen! Was für ein Fest? Welch ein Suff? Und danach? Der grosse Kater. Nur nicht daran denken. Das ist wie bei Krisen. Je mehr man daran denkt, umso grösser werden sie.

Die vier wollten sich bereichern. Logisch. Und legitim. So zu denken hat sich, historisch gesehen, bewährt. Für wenige wurde stets viel geopfert. Das ist der Lauf der Dinge. Alles Grosse ist Reduktion, höchstens dreifaltig, meistens einfältig. Bei vier Personen bleibt ein Viertel. Bei einem Volk lohnt es sich nicht zu rechnen, weil «ein Volktel» ist zu absurd. Klingt zu idiotisch. Die Masse ist definitiv nicht das Mass der Dinge, sie rechnet sich für bescheidene Zahlen deutlich besser. Ja. Vielleicht kam ihnen der Gedanke am Stammtisch, schoss ihnen durch die rauchenden Köpfe, lallte sich über die Zunge hinaus auf den Tisch und waberte da ruhig vor sich hin. Bis ihn einer aufgriff: Warum sollen nur Cüplitrinker Cüpli trinken? Und Biertrinker nur bieren, Weintrinker stets weinen, andere nur schnapsen, kirschen, träschen? Oder valsern, cocagern, colauern? Auch wir dürfen, ohne uns zu orangenieren, fantasieren, rivellallen die Vier.

Vielleicht sind diese fantastischen vier, Opfer von Opfern der Krise, geopferte vier von Finanzopfern. Vier Väter mit Feierdrang nicht nur am Feierabend mit freiwillig feierwilligem Nachwuchs mit Feiergrund. Wollten vielleicht die Hochzeit ihrer Söhne oder eine Enkelgeburt feiern, wie Amerika Obama feiert. Pardon, feierte. Sobald es wehtun könnte, ist der Spass vorbei. Dafür hatte Gaddafi allen Grund zum Feiern. Sogar er soll Öltürme gestaunt haben, wie leicht sich ein Land zum Narren machen liess. Wen erstaunts? Ein Volk, das einen Mythos zum Nationalhelden macht und glaubt, unsere Armee hätte damals die Nazis abgeschreckt, hat auch nur den Bundesrat, den es verdient. Da können wir von Glück reden, gibts keine Volkswahl.

Es ist zum Kalauern. Das dachten sich diese vier mutmasslichen Zitronenpresser aus Süditalien in Norditalien vielleicht auch, als sie über den Verlust ihrer erbärmlichen Ersparnisse informiert wurden. «Geld allein macht nicht glücklich» oder «Ein reicher Mann ist ein armer Mann mit viel Geld», sagte der Bankangestellte, womöglich zu sich selbst. Ein schwacher Trost für diejenigen, die nie wirklich Geld hatten.

Mir gefällt aber die Vorstellung, wie vier in Robin-Hood-Manier raubende Väter daheim im Dorfe Feste feiern, statt Feuerwerk Korken knallen lassen, Gäste auf der Lastwagenbühne zum Tanzen laden, ein Champagnerbad für frisch Getraute einrichten und vor allem ihre Enkel in Liebe feiern. Und bei alledem vergessen sie tatsächlich den Wert der Tausenden von Flaschen. Die 2,2 Millionen Franken werden nebensächlich. Denn Zahlen sind Symbole des Vergänglichen. Das haben die gierigen Finanzjongleure der Welt längst bewiesen.

Von der Macht
eines einzelnen Buchstabens

Wer schöpft aus des Schöpfers Schöpfung Hoffnung?
Derjenige, der des Schöpfers Schöpfung schröpft.

Perspektiven

Mondphase II

Hinter dem Mond ist immer hinter den Bergen, logisch, so sieht es aus. Hinter dem Berg ist nicht immer hinter den Bergen, und die vor dem Berg sind nicht zwingend über dem Berg. Hinter den Bergen jedoch ist stets vor dem Mond, solange er noch erfolgreich vom Himmel grinst. Hinter Erfolg steckt oft viel Fleiss, manchmal versteckt der Fleiss die Gier. Hinter mächtigen Verstecken lassen sich die wirklich Mächtigen verstecken, hinter Machtigen verstecken sich stets Funktionäre. Auch hinter mächtigen Verstecken wie dem der Kirche ist immer vor dem Mond, obwohl die Kirche sich gern hinter dem Mond versteckt und im Verborgenen ihren Mann stellt. Das ist nicht nur eine Frage des Standpunkts, sondern auch der Stellung. Hinter dem Mond ist es dunkel, die dunkle Seite der Kirche ist düster. Leider liegt sie uns näher als die des Mondes, rein universell betrachtet. An ein Leben hinter dem Mond glaubt man nicht, man kennt es nicht, das weiss man. Auch weiss man, dass sich Gier und Mächtige zumeist mit Erfolg hinter Bergen von Paragrafen und Schlupflöchern, Ahnungslosen und würdigen Geheimnisträgern verstecken können. Trotzdem dürfen sie immer wieder ganz vorn anstehen. Nur der Hintern, auch ihr Hintern bleibt hinten und lässt sich einzig und allein von hinten versohlen.

Der letzte Sonntag

Am letzten Sonntag
   stand die Kirche still.

Seither sind Jahrhunderte
   vergangen,

hat es Jahre verweht
   und Hunderte verblasen.

Der schöpferische Irrtum

Das ist keine Schlagzeile, keine Zeitungsnotiz, keine Zeitung nähme heute davon Notiz. Viel eher ist es ein Niederschlag aus Schlagzeilen, gewidmet dem Streit in Amerika, wo sich die forschen Kreationisten und die forschenden Evolutionisten ineinander verbeissen. Es ist ein verbitterter, verbitternder Streit. Oder verbissen streitende Verbitterung, die mit üblicher Verzögerung über den grossen Teich schwappt, nach Europa greift und mit Verzögerung auch die Schweiz erfasst. Wie so vieles andere auch. Eigentlich ein Vorteil, die Verzögerung. Man könnte von den Fehlern da drüben lernen. Könnte man. Aber aller Anfang ist schwer. Drum: Verzeihung.

Am Anfang war was. …? Gott soll die Welt praktisch im Alleingang geschaffen haben. Unter Beihilfe weniger Zutaten. Doch praktisch für wen? Und. Ist Gott praktisch? Ein Praktiker bewiese seine Existenz tagtäglich. So sei es. Bekanntlich nach sechs Tagen hat er geruht. Er ruhte sich aus. Schliesslich setzte er sich zur Ruhe. Zu gross war die Anstrengung, die Erschöpfung nach sechs Tagen der Schöpfung. Am siebten lag er auf der faulen Haut. Nun, vielleicht warens nicht Tage, keine sechs und kein siebter Monat, kein Jahr, aber Hunderte, Jahrhunderte, womöglich Ewigkeiten. Und danach? War Gott wirklich zufrieden mit seinem Sechstagewerk? Tag eins bis fünf, ja. Tag sechs? Letzterer nahm die Schöpfung nicht einmal für wahr, ignorierte deren wahre Dimension. Rund die Kugel, schief die Achse und tief die Drehzahl. Gott wollte damit Gerechtigkeit schaffen. Alle haben gleich lang zu schuften. Drum liess er die Kugel im Kreise drehen. Doch zu doof der Mensch. Deshalb jagt es ihm den Schnuller raus. Hätte er ihn erfunden.

Tag sechs liess keinen der folgenden Tage aus, um Tag eins bis fünf zu desavouieren, um sich an die Spitze zu setzen. Die selbst ernannte Krönung der Schöpfung. Sie blickt voller Abscheu auf die von ihr gehörnten Tage. Eins bis fünf. Mal ehrlich. Auf keinen anderen Tag lässt es sich so gut verzichten wie auf Tag sechs. Alles ist irgendwie miteinander verknüpft, nur Adam und Eva sind das Supplement. Vielleicht benahmen sie sich und die Ihren, die folgenden Millionen, deshalb so daneben. Das fand auch er, der schöpfende Herr, und liess es knallen. Ein Knall auf sein Sechstagewerk. Kollektivstrafe kriegten alle sechs Tage. Er wollte sein Werk zerstören, wollte Kain und Abel, dem globalen Babel mit dem Urknall seine Existenz beweisen. Ein für alle Mal.

Doch, wie gesagt, Gott war zu erschöpft nach sechs Tagen Schöpfung. Drum misslang ihm der Urknall, dieser finale Akt der Zerstörung. Die Erde erlebte nur einen groben Störfall, der Urknall bescherte der Erde einen Urtinnitus. Zwar hat er Hoffnung und Leben weggepustet, nicht aber das Leben ausgepustet, nicht im Keim erstickt. Und Keime keimen, sind zum Keimen da, so, wie die Suppe zum Kochen. Und die Ursuppe erbrachte kochend irgendwann sogar den Menschen wieder. Mit Tinnitus, auf dem sechsten Sinn bekanntlich. Was nun? Zufrieden der Herr? Kaum. Denn weg war er, plötzlich, der Urknaller. Anstelle jener kollektiv bestraften Tage. Einfach weg. Verblasen? Dabei hatte er doch wahrlich Wunder geschaffen! Diese Erde, wie sie sich so dreht. Trotz Kirche eine Kugel. Dieser liebevolle Versuch einer gerechten Verteilung von Tag und Nacht. Diese von der Liebe zum Detail gekrönte Schöpfung der Natur. Der Schöpfer aller Tage, gescheitert am letzten? Hat er sich geopfert am Tag danach wie ein durchgeknallter Chemieprofessor mit einem Heimversuch? Exit? Dieser göttliche Chemieprofessor, ein Wissenschaftler?

Wäre Gott ein Wissenschaftler, wäre der Hunger nur ein Feldversuch und die Probanden so freiwillig wie die Tiere. Die Klimaerwärmung wäre nur ein Test eines neuen Heizsystems. Die Kriege wären nur ein

Spiel und lösbar. Wäre Gott Wissenschaftler, wären wir ausgebüxte Laborratten. Wahr ist, Glauben lässt vieles zu. Womöglich aber, könnte alles anders gekommen sein, als manche glauben wollen. Oder zu glauben haben. An diesem Punkt stelle ich mir vor, glaube ich gern, der Urknall sei nicht von Gottes Hand. Denn er ruhte tatsächlich nach sechs Tagen Schöpfung. Er suchte Besinnung und fand tags darauf die Besinnungslosigkeit. Besann sich und verschwand. Ausgebüxt. Und niemand verstand die Botschaft. Hätte Gott wirklich gewollt, dass irgendjemand die Nachricht versteht? Urknall und Sechstagewerk? Besinnung? Liesse sich derart Göttliches in menschlichen Dimensionen verstehen, hätte sich doch Gott bereits ab dem Tag sechs stellvertreten lassen. Warum hätte er Jahrhunderte warten sollen, wäre er zufrieden mit seinem Werk? Keine Ahnung. Denn liesse sich Göttliches menschlich erfassen, hätten doch bereits vor Gott die Götter ihre Aufgaben an Menschen delegiert.

Sündhafte Fantasie

«Rom. Falscher Priester wollte im Petersdom Beichte abnehmen.» Tja. Die Kirche ist der Sünde immer eine Nasenlänge voraus.

Schöner leben

Lasst gut sein.
Lasst gut gut sein.
Lasst Leben leben.
Lasst schön Leben sein.

Wenn Heidi mit Tell badet

Was weiss ich eigentlich? Über das Land, über uns, die Schweiz und zur Geschichte? Den Tell kenne ich, das Rütli auch. Ebenso Winkelried. Bei 1848 wird es dünn, da kompliziert. Aber ja, das ist sie doch, die herrliche Schweiz, mit den historisch gewachsenen Kantonen und hübschen Hauptorten, dem Geld bunkernden Zürich und dem die Politik verschlafenden Bern, dem Roten Kreuz und Henri Guisan und Dunant, dem General. Die Klischees zum Aargau und die Gerüchte aus Wollerau. Das ist das Land, das ist die Schweiz, die Kriege verhinderte und das Geld der Juden schützte. Das ist das von den Parteien bemühte Volk, das seit dem Urknall mit neutralem Eigenwillen friedlich zwischen Jura und Alpen hockt. Und pflügt. Geschichte wälzt und pflügt, umpflügt, bis es glauben darf, was es zu wissen hat.

Die Schweiz. Sie ist das Pestalozzidorf der Welt und Kinderhort der Freiheit. Hier gilt Freiheit für alle, seit Gott das Land erblickte, in der Nacht von Tag fünf auf Tag sechs. So wurde es gelehrt und gelernt, gebüffelt oder abgeschrieben. Im Geschichtsunterricht mit dem Tiefgang einer Gratiszeitung. Die Geschichte ist derart simpel gestrickt, dank mythisch verklärten Traditionen. Sie ist ausgestattet mit selbstverständlichen Freiheiten, die so brüchig sind wie die der iranischen Presse. Die Geschichte lehrte mich, zu glauben, hier wären schon immer die unabhängigen Geister und bärtigen Sturköpfe verwurzelt gewesen. War es wirklich so? Nein. Wäre es heute noch so, wie es einmal war, wären hier ganz bestimmt keine Christen zu Hause. Kantone gäbe es auch nicht. Und die Kapitale wäre vielleicht Avenches. Oder Augst. Oder Königsfelden. So hatten es die Römer geplant und die Könige danach gewollt. Einzig in der Zeit zuvor, vor den Römern und vor den Helvetiern, kultivierte hierzulande das lieblich friedliche Hirtenvolk den Boden. Bevor sie aus dem Norden kamen. Und das Volk zum Land wie der Auserwählte zum Volk.

Wer sind sie denn, das viel bemühte Volk? Wer gab der Helvetia den Namen? Klar! Die Helvetier, vollkommen logisch. Nur, diese waren ein germanischer Stamm aus Süddeutschland, der schon vor Christus die Vorzüge des Mittellands entdeckt hatte. Zuvor, noch bevor Gott die Götter unter einem Dach vereinte, lebten hier die Kelten, jenes vielleicht friedlich liebliche Hirtenvolk. Danach, als die Römer den untertänigst bilateral Verbündeten im Mittelland den Rücken kehrten, zählten Land und Leute zu den

Ostgoten. Bald dienten die Ansässigen unter dem Merowingerkönig Chlodwig dem grossen Gallien. In der Folge fristete die noch nicht existente Konföderation als Appendix des Frankenreichs. Als Schwaben. Mal dienten Flüsse als Grenze, mal Berge, insgesamt über all die Zeit in alle vier Himmelsrichtungen mindestens einmal. Je nach Windrichtung der Mächtigen. Stets aber waren Jurakette oder Alpen das geografische Bollwerk gegen die bekannten und nicht minder oft verwandten Feinde der aktuellen Herren. Die Helvetier aber, die waren schon lange nicht mehr. Bis zur Blütezeit der Savoyen und Habsburger fügten sich Bauern, Volk und Feudalfamilien in ihr schier tausendjähriges Schicksal als vorgelagerter Blinddarm irgendeiner Macht, ohne nennenswerte Veränderungen der Oberen durch Heirat, Erbe oder Schenkung. Das Gebiet der Schweiz war stets ein bisschen das Palästina des nahen Europas.

Nach tausendjähriger bilateraler Unterdrückung schliesslich kam die grosse Ära, die, die alle Volksparteien kennen, die, worauf sie bauen, jene grosse ideologisierte Zeit der fairen Bündnisse und demokratischen Kantone, die von schillerndem Tell und glorreicher Freiheit. Nur gilt auch hier wieder: Diese alteidgenössische Freiheit gab es so nie. Und im Gegensatz zu Tell lebte Tutanchamun wirklich. Wenn auch mehr kurz und schlecht als recht. Das

Urbündnis war schon damals dasjenige mit dem Heiligen Römischen Reich Deutscher Nation, die Kantone waren Reichsgebilde einzelner Emporkömmlinge, die sich am Zipfel eines Kaisers oder einer Königin kuschelten. Zusammen war das hiesige Gebilde kaum mehr als eine Provinz des grossen Europas. Eine kanonenschussweit vorgelagerte Pufferzone. Die Politik des nicht vorhandenen friedlichen Schweizer Hirtenlands war wahrhaftig gewaltig geprägt durch verordnete oder eigenwillige expansive kriegerische Tätigkeit. Die billigen Söhne der Kantone waren für teures Geld in den Kriegen da und dort zu Hause. Economie suisse. Das war gelebter Föderalismus, obwohl es den damals ja auch noch nicht gab.

Nun fragt man sich vielleicht, wohin das alles führen soll, dieser streitbare Konflikt mit der gelehrten Geschichte, mit dieser von Zensur gelebten Historie eines Landes, welches die dänische Version des Wilhelm Tell verurteilen und vom Henker verbrennen liess. Beim Trampen durch die Vergangenheit liegen die Fragen plötzlich im Strassengraben und die alten Zöpfe im Dreck. Warum sollen Kantonshauptorte für Zentrumsleistungen honoriert werden, nachdem über Jahrhunderte Land und Untertanenstädte gebeutelt wurden? Nachdem Provinzorte wie das schöne Luzern oder Solothurn mit ihrer ausgeprägten

Söldnerpolitik zwar reich wurden, der Alten Schweiz dadurch jedoch Stagnation verordneten? Dank Innovationsmangel und Vetternwirtschaft. Natürlich ist es vermessen, so zu denken, doch ich versuche, zu verstehen, weshalb ich einzelne Rufe in unserem Land zu oft missverstehe. Ich möchte verstehen, warum von Humanismus, Föderalismus und Freiheit gepoltert wird, jedoch Bankgeheimnis, Steuerwettbewerb und Versteckspiel der Egoisten gemeint ist. Ich frage mich, von welcher Identität die Rede ist, wenn von Schweizer Identität gesprochen wird. Wenn die Freiheit gelobt wird, bereitet mir Kummer, dass es um die Möglichkeit geht, eine Million die Woche zu verdienen. Warum kratzt niemand an der Fassade und lässt die oberen Schichten fallen? Offenbar spielt alles in heutigen Köpfen keine Rolle, womöglich rollten zu viele im Verlaufe der Geschichte. Die von wahren Freiheitskämpfern, die da ganz vereinzelt waren. Die da kämpften gegen den Feudalismus in den Kantonen. Was bedeutet Freiheit, wenn dabei die Geschichte verdreht wird? Warum wird offizielle Kultur nicht in ausgedienten Fabrikhallen veranstaltet, in den Zeugen des Liberalismus, der Basis der heutigen Schweiz, sondern auf feudalen Schlössern aus den Zeiten davor?

Natürlich, Geschichte und Gesellschaft haben sich bewegt seither. Menschen auch. Heute herrscht Frieden. Im Speziellen dank der EU. Nur darf sich sonst offenbar nichts mehr verändern. Nicht aus eigenen Kräften. Der Politik bleibt höchstens das Reagieren. Das eigenständige Handeln ist dem Land nicht in die Wiege gelegt, so viel verstehe ich nun, nach der Zapperei durch die Geschichte. Das Land bleibt vermutlich reaktionär und sich stets ein bisschen fremd, da die Identität unseres Landes stets fremdbestimmt war. Ich verstehe, weshalb das Offensichtliche vor Freiheit kommt. Sauberkeit. Abfallkampagnen haben Hochkonjunktur. Lärmschutzverordnungen. Die SBB fährt mit Familienwagen ein, damit Eltern kein schlechtes Gewissen haben müssen, sollten sich ihre Kinder wie Kinder aufführen. Ich sehe ein, warum nicht nur Sicherheit über der Freiheit steht, sondern auch Wohlstand. Klar, für manche ist es dasselbe. Obwohl Konsumfreiheit heute Meilen entfernt ist von Selbstbestimmung.

Sehr wahrscheinlich ist alles nur halb so schlimm. Einmal mehr masslos übertrieben! Mir graut jedoch, wenn Politiker sich wählen lassen wollen (und gewählt werden), die ihre Politik mit diesem tellschen Mythos von Souveränität und wohlbehüteter Freiheit begründen. Ohne von liberalen Werten eine Ahnung zu haben. Der Freiheit sträubten sich die Nackenhaarc, würde sie einreisen wollen. Da zur Freiheit die ständige Suche nach besseren Lösungen gehört. Womöglich aber würde sie an der Grenze abgewiesen werden. Sie stellte zu viele Fragen. Lieber setzt sich Tell mit Heidi in die Wanne, spielt mit Gummienten im neutral geschwängerten Wasser. Eine Augenweide. Das wäre ein Quotenhit. Doch geht die Flexibilität in den Köpfen verloren, haben Krisen ein leichtes Spiel. Spielen die Emotionen im Bundesrat verrückt. Setzen sich Ängste frei, wird die Politik erpressbar. Gehen Wandel und Entwicklung den einfachsten Weg, siegt die Einfältigkeit. Natürlich, Wohlstand ist ein willkommener Nebeneffekt der Freiheit. Wenn Letztere nur noch Ersterem dient, bleiben zu viele auf der Strecke. Verliert Freiheit ein Stück durch Handeln? Und Verzichten? Nach freiem Wissen und Gewissen? Ich ziehe beides dem Zwang zur Zufriedenheit vor. Den Wasserspielen von Tell mit Heidi. Und wüsste Tell, dass auch Heidi einen deutschen Urheber hat … hm. Das aber ist eine ganz andere Geschichte.

Grossgeschriebene Anspielung

Sie wissen schon, wen ich meine.
Sie. Sie? Oder Sie?
Sie nicht. Sie vielleicht. Vielleicht sie.

Unterwäsche reizt Ordnungsfimmel

Auch die Liebe ist zu wahr, um eine Schlagzeile zu sein. Liebe findet sich auf der ersten Seite nur mit Hieben. Wenn die Irrungen zwischen Mann und Frau ausser Rand und Band geraten, sind Opfer in Not. Wenn Beziehungen gelebt werden müssen, verliert die Liebe ihr Brot. Gefangen in der Paarrolle, befangen durch die Jahrringe der Gewohnheit, begegnen sich Mann und Frau im Bett. Die Bettdecke hält die Kälte warm und vermittelt dem Paar einen Hauch von Geborgenheit längst ausgebrannter Liebe, einen Fingerbreit voll Kuscheligkeit längst erloschener Leidenschaft. Keine Spuren der Liebe zieren die Liege. Das Polster mit den Flecken der Leidenschaft wich der Gesundheitsmatratze. Die herumliegende Unterwäsche reizte den Ordnungsfimmel. Die heissen Küsse verirren sich im Designerkissen. Das Verlangen liegt unter Buchdeckeln nordischer Kriminalromane, die Fantasie verstrickt sich mit Romanfiguren, und die Zärtlichkeit spielt Verstecken mit dem Fernsehprogramm. Gefesselt durch die Sicherheit des beruflichen Erfolgs, geisselt sich das Paar mit der Aussicht auf Wiedererlangen unerreichten Glücks.

Tröstlich ist, sie spielen ihre Rollen gut, die Zeit mimt den Lauf ihres Lebens. Nur seitwärts blicken wollen sie nicht, sonst sähen sie, woran sie vorbeirollen, langsam, stetig, Erfolg versprechend an sich selber vorbei …

Von Elfen

Ja. Wo sind sie denn? Die Elfen. Und wo ist das Zuhause der cheiben Elfen? Bei den Wilden Kerlen vielleicht? Wohnten die chogen Elfen bei den Wilden Kerlen, wären sie ein Traum. Ein Kindertraum mindestens. Höchstens ein Albtraum. Allerhöchstens. Das wünschen wir uns nicht. Gell. Aber einen Traum, ja, warum nicht?

«Allerspätestens um elf ist Schluss», sagte die Elfe im Traum des elfjährigen Buben. Obwohl, ein Hauchen käme der Sache näher. Die Oberin hauchte es dem träumenden Buben ins Ohr. In dasselbe Ohr, das auf dem aufgeschlagenen Buch lag. Jenem Buch, worüber er eingeschlafen war. Mit der Taschenlampe unter der Bettdecke. Obwohl er nicht durfte. «Ohni Znacht is Bett! Und ohne zu lesen!», so lasen ihm die Eltern die Leviten. Und jetzt im Traum liest ihm die Oberin die Leviten. Vermeintlich. Denn in der Wirklichkeit des Traumes spricht die Oberin zu ihren kleinen Elfen, den elf Eleven. Sie lässt sie bis um elf lesen. Gedanken lesen, klar. Die Gedanken der Menschen. Diese sind bis um elf noch frisch und einleuchtend.

Und brauchbar. Meistens. Danach wirds schwierig. Zu viele Oberflächlichkeiten, zu viel Neid und Unzulänglichkeiten schwebten dann zwischen den Köpfen der Menschen. Wie Schrott im All. Das ertragen die Elfen nicht. Sind wie Kinder. Ob derart viel schäbigen Gedankenguts werden sie krank, die grossen und kleinen Elfen. Deshalb hat ihnen zu ihrer Sicherheit ihre staatliche (sowie vor allem einheitliche und einzige) Gesundheitsversicherung das Öufiglöggli eingeführt. Logisch. Warum sonst in aller Welt sollte morgens um elf eine Glocke schlagen? Verhallt der elfte Schlag, ist es vorbei mit der Vorsorge für die Elfen. Danach trügen die Elfen, und auch die kleinsten Eleven, die alleinige Verantwortung für Schäden durch zu viel gedankliches Gerümpel. Die Elfen jedoch ziehen sich wohlweisslich jeweils schon vor dem elften Schlag freiwillig zurück. Elfen sind nicht dumm. «Nach elf im Dreck zwischen den Köpfen zu schweben», tuscheln die elf Eleven, «wäre wie, wenn sich beispielsweise Menschen freiwillig schlechter Luft aussetzen würden.» Tja, nun wissen wir zwar um den Umstand des Öufiglöggli, doch stets noch nicht, wo sie wohnen, die Elfen.

Hübsch seien sie, hört man es munkeln in jenen Sagen, die vom Träumen handeln. Von Träumen gestandener Männer, welche dem Charme entzückender Elfen erliegen. Und entschwinden. Hm. Jaaa.

Für manche Zeitgenossen eine traumhaft schöne Vorstellung. Das Entschwinden mancher Männer … Andere wollen Elfen schon wahrhaftig gesehen haben. Einige davon mit Hilfsmittelchen. Pilzchen oder so. Oder sie haben tief genug ins Glas␠geguckt. Flaschenbodentief, hört man sagen. Vom Hörensagen entstehen Sagen. Sagt man. Andere sägen im Schlaf – ganze Bäume weg. Je tiefer der Flaschenboden, umso lauter die Maschine. Möchte nicht wissen, was sie dabei träumen. Sie sägen ganze Bäume weg, bis vor lauter gesägtem Holz kein Wald mehr zu sehen ist. Schade. Denn dann sind auch die Elfen weg. Denn ich habe flüstern hören, sie liebten die Bäume. Sie lebten in Wäldern. Sie liebten es, da zu leben. Natürlich nicht in Wäldern, die in Sonntagsschuhen begehbar sind. Sonntagsschuhe in Wäldern oder Schluchten zeugen von Heiligen. Und wo Heilige sind oder waren, haben Elfen nichts verloren. Denn heiliggesprochen wird und wurde stets nach elf. Auch bei eilig Heiliggesprochenen.

In den Städten leben die Elfen nur in der Fantasie. Auch in jenen elf Städten am Jurasüdfuss. Von Nyon über Olten bis Baden. Von Städtchen sollte man sprechen. In der Schweiz von Städten zu reden, ist beinahe vermessen. Kennen Sie eine Schweizer Grossstadt? Das Mittelland vielleicht. Extended. Von Köniz bis Wil. Doch die Schweiz lebt und denkt in Quartieren. Inklusive Elferstädtchen Solothurn. Die Stadt der Elfen. Warum eigentlich? Ja klar, elf das, elf dies, elf dort. Elf hü und hott. Aber weshalb? Ursache, nicht Symptome! Hätten es die Elfen wirklich so sehr mit der Zahl elf, wären sie selbstverliebt. «Ich liebe die Elf …», sagte die Elfe zum Spiegel. Nein, an den Elfen kann es ehrlicherweise nicht liegen, das Städtli setzt zu sehr auf die Heiligen. Und Heilige gibt es, weil damit den Kelten die Elfen ausgetrieben werden sollten. Elf ist im Übrigen auch ein Spiel, das man nicht gern verliert. Das aber tut hier gar nichts zur Sache. Die Kelten haben trotzdem verloren. Egal. Geschichte ist zum Vergessen da. Heute ist elf offenbar eine Elf, weil es schon immer so war. Ja, manche Leute begnügen sich mit Zahlen, andere glauben an Wesen wie Gnome, Trolle und Geister. Den wahren Elfen aber hat es schon lange elf geschlagen. Heute sind Elfen einzig noch schöne Gedanken. Und Ideen, die bewegen, und wenn sie den Menschen nur ein Lächeln aufs Gesicht zaubern. Auch nach elf. So ist es doch. Die chogecheibe Elfen sind dort zu Hause, wo sie hausen, und fühlen sich dort daheim, wo sie leben. Bei den und in Gedanken. «Danke», denkt der Gedanke. Und grinst.

Welten

Bescheidenheit kann Beschneidung sein.
Umgekehrt gilt das nicht.

Die Internationale im Bannwald

Wie international bin ich? Wie international tauglich? Bin ich Schweizer? Ein echter? Oder betrachte ich das Land nur als Basis? Beides? Diese Fragen stellte ich mir im Zusammenhang mit einer Diplomfeier für Master International Management Consulting der Fachhochschule Nordwestschweiz in Olten. Inzwischen sind sie auch Papier. Die Studentinnen und Studenten. Abgelegt. Oder digitalisiert. Es folgt der Schritt hinaus in die Zukunft. Nur, in wessen Zukunft? Ich weiss es nicht. Mich führt der viel gesagte, mir nichtssagende Titel vor allem auf Abwege. «Master International Management Consulting». Wow! Doch, was heisst das? «Internationaler Meister der Managerberatung» vielleicht? Na dann, viel Glück! Oder «Gemanagter Berater Internationaler Meister»? Besser. Wenn auch mit Schlagseite. Dieser «Man Ager» wirkt im selben Masse negativ abgenutzt, wie manch eine Zwischenstaatlichkeit abgelutscht (wird). Ja, auch dieses «International» verwirrt mich. Was bedeutet es? Nicht national begrenzt, überstaatlich, über den Rahmen eines Staates hinausgehend, weltweit. Und dennoch zwischen den

Nationen bestehend? Was liegt zwischen den Nationen? Das muss eine Parallelwelt sein! Nichts von national befangen, quasi international gefangen. Raum für international Internierte. Oder findet sich zwischen den Staaten ein Nichts? Rein aber auch gar nichts. Ein Bermudadreieck? Ein Schwarzes Loch? Wohin «International Beratene Meistermanager» entschwinden. Eingelocht. Von der einen oder anderen Nation in die graue Versenkung empfohlen. Mittels unausgesprochenen internationalen Abkommen. Da kein Staat aus Angst vor zu grossen Verlusten vorpreschen möchte, entsteht zweifelsohne ein zwischenstaatlicher, rechtsfreier Raum für zweifelsfreie Manager. Ein Duty-free für Zocker. Zwischen den Nationen fällt das Internationale unter den Tisch.

Eigentlich seltsam. Warum gibt es Worte, die etwas umschreiben, was nicht wirklich existiert? Klar, moderne Kinder wachsen heute international auf. Die Töchter und Söhne Helvetias fliegen bis zur Pubertät mindestens nach Istanbul, Dubai und New York. Sage ich einem Kind, ich sei mit dreiundzwanzig Jahren das erste Mal geflogen, schaut es mich an, als wäre ich ein Grossvater und nie mit Sex in Kontakt getreten. Bin ich so alt? Und sind sie deswegen internationaler, diese frühflüggen Kinder? Mein erster Flug führte mich damals nach London. Und der Zufall bescherte mir einen Sitznachbarn, der mich irgendwie ins Cockpit lotsen konnte. Heute wäre das vermutlich nicht mehr möglich. Mit der internationalen Reisefreiheit sind vor allem der Sicherheit Flügel gewachsen. Wahnsinnige verordnen der Welt einen Sicherheitswahn. Das ist nicht lustig. Pardon. Ich schweife ab. Manchmal verliere ich die Bodenhaftung. Das muss ein Erlebnis gewesen sein damals. Nur kann ich mich gefühlsmässig nicht wirklich daran erinnern, an diesen Ausflug ins Cockpit. Ein emotionales Blackout. Ich kann die Blackbox nicht finden. Liegt vielleicht am Alter? Bald vierzig.

Dafür besinne ich mich bestens des Sommers 2009, als ich mich im Bundesstaat Maine im Niemandsland zwischen Rebhuhn, Elch und Wald, Wald … und nichts als Wald verfahren hatte. Nichts von Empfang. Wo bitte war da das globale Dorf?! Ach, wie vermisste ich *Arena, Schweiz aktuell* und *Regionaljournal,* diese Spiegelungen eines sicheren Landes, dieses Helvetia, wo jedes Stück Wald seine Bestimmung hat. Nutzwald, Mischwald, Erholungswald, Blätterwald, Bannwald. Ja, ich sehnte mich nach der Schweiz, wo mich die Versicherungen mutmasslich vor den eigenen Dummheiten retten. Hierzulande schützt mich jegliche Kleinstaatlichkeit vor mir selber. In Dubai schätze ich zwar das bunte Leben, hier aber will ich es geordnet! Verordnet! Gesteuert. Geregelt bis zum Kaugummipapier. Littering. Von Kanton zu Kanton natürlich ganz individuell. So treibe ich es als Schweizer bunt. Wünsche ich bürokratische Herausforderung, ziehe ich über die Kantonsgrenze. Dabei verirren sich manche Lösungen in föderalistischen Wirren genauso, wie mich das Thema verwirrt. Es geht um jene Kinder, die mit vierzehn Jahren bereits die Welt gesehen haben. Wollen. Müssen. Sollen. Diesen international reisenden Kindern bleibt als Steigerung ihrer Vielfliegerei nur noch die durch synthetische oder pulverisierte Hilfsmittel. Für diese armen, über das Wohl hinaus behüteten Geschöpfe wird die Welt definitiv zum globalen Dorf. Das relativiert sich zwar, sobald sich das viel gereiste Kind auf der Bahnhofsbrücke einem Nigerianer gegenüberstehen sieht. «Habe ich den etwa gerufen?» Sagt es. «Den habe ich nicht bestellt!» Ruft es. Und sucht verzweifelt nach der Fernbedienung. Um den schwarzen Mann wegzuzappen. «Holy shit, what's that!» Die mit herzzerreissenden Melodien ins Wohnzimmer flimmernden Hungerkinder kann es doch auch wegzappen. «Mami! – Mami!!» Doch Mami kann nicht helfen. Sie zieht sich aktuell über einen deutschen Sender eine dieser nachgestellten Gerichtsverhandlungen in die warme Stube rein. «Muetter!!!» Nein, da nützt auch der Sprachwechsel nichts. Mutter nervt sich im Augenblick schampar über den Teenager, der, die oder das seine Mami im Schrank eingesperrt hat und nicht einsehen will, dass sie keine Lara Jones war. Die Mutter. Und sich hätte selber befreien können sollen. Der Fernsehrichter kriegt die Sorgenfalten nicht mehr weg, und der Anwalt des Jungen würde gern das Fernsehen einklagen, würde er nicht daran mitverdienen. Tut mir leid. Ich finde einfach nicht zum Thema zurück. Ist wohl in internationalen Gewässern vor dem Kap der Guten Hoffnung in Seenot geraten.

Seenot. Genau. Das Stichwort. Die Wege des Kleinen und des Nigerianers auf der Bahnhofsbrücke haben sich gekreuzt, ohne dass der Junge von der Brücke fiel. Während das Muttersöhnchen diese Begegnung umgehend im Facebook reichlich ausschmückt, denkt es … also er. Lange. Ziemlich lange sucht er nach Gedanken. «Seltsam.» Denkt der Junge. «Der Typ hat mich weder angepöbelt noch vermöbelt, noch wollte er mir Drogen verkaufen.» Obwohl Mutter ihn in den Südafrikaferien – im schier identischen Hotel wie in den Ferien zuvor in der Türkei – vor genau diesen schwarzen Typen gewarnt hat. Immer. Obwohl Vater, bevor ein innerfamiliärer Konflikt ihn zurückliess, des kriminellen Übels wegen und der heilen Welt willen, darauf drängte, in einen Vorort mit Hanglage zu ziehen, damit der frühenglische Bube nicht in der multikulturellen Problemzone einer Stadt aufzuwachsen habe. Obwohl sich beide, Mutter und Vater, zuvor stets stolz mit ihrem multikulturellen Umfeld brüsteten, damals, als sie noch kinderlos lebten. «Oh lovely, these coloured kidz!» Ja, ja. Die Internationalität kommt an ihre Grenzen, sobald sie an der Tür klopft. Manch eine personifizierte Internationalität schafft es, über Nacht in exotischer Ferne zum Ballermann zu werden. Obwohl sie zu Hause wegen Nachtruhestörungen reklamiert, die über ein Vogelzwitschern hinausgehen. Bullshit. Andere vornehm gelebten Internationalitäten weilen vornehmlich unter Gleichgesinnten und meiden deshalb eine *andere* Bar, *jenen* Weinkeller oder ein *bestimmtes* Kulturlokal. Fucking bullshit! Da stellt der persönliche emotionale Horizont der intellektuellen Offenheit ein Bein. Unter diesen Voraussetzungen fällt es mir leicht, zu verstehen, dass die Toleranz zuweilen gern und mutwillig vergisst, dass sich nicht alle Töchter Helvetias stets nur an die Helvetier hielten.

Glücklicherweise taten sie es nicht! Dieser Bannwald eines reinen innernationalen Wachstums kann nicht existieren, biologisch nicht überleben, kulturell sich nicht entwickeln und wirtschaftlich nicht blühen. Das weiss jedes Kind. Auch die national (v)erzogenen Zöglinge. So what? Ja, zuweilen frage ich mich, was die Helvetier sich so international geben, wenn sie allein schon an der interkantonalen Herausforderung scheitern. Womöglich, weil sich zwischen den Kantonen auch dieses unüberwindbare Nichts befindet. Jenes Dunkel, das ich in der Fremde als Wildnis erlebe. Nur scheint die Schwelle um nach Übersee zu reisen oft deutlich tiefer zu liegen denn die zwischen Zürich und Bern. Oder Bern und Olten. Absurd, diese Enge in den Köpfen. Diese persönlich auferlegte Reisebeschränkung. «Viel zu weit! Diese halbe Stunde, my dear!» Genauso peinlich wie die permanente Häme dem Aargau gegenüber. Oder nach Paris ists ein Katzensprung. Aber wo bitteschön liegt die Westschweiz? Ja, manchmal wünsche ich mir ein bisschen internationales Lagerfeuer in diesen wohlbehüteten lokalen Bannwäldchen von Mutter Helvetia. Interkantonale Lagerstimmung könnte nicht schaden. Drum gefiele mir folgende freie Interpretation des Master International Manager Consulting am besten: ein disziplinenübergreifendes Nationalmanagement. Sollte es mir dabei zwischen all den Walliserinnen und Baselbietern, Welschen und Zürcherinnen der Wildnis zu viel werden, kuschle ich meinen Kopf in den Schoss der Helvetia. Der Mutter aller Secondos. Das tut gut. Und sie zupft dazu die Gitarre und summt sanft ihre Hausmelodie, die Internationale … what a wonderful world.

Bin hier, nur nicht da

Mehr als «wohin» und «woher» sagt mir «sein». Suche weder Ausgang noch Einblick. Heimat findet Frieden erst mit Durchblick. Hier bin ich stets nur auf Durchreise. Für das Leben bin ich ein Gang auf Erden. Zuweilen ein Boxenstopp, falls nur ein Ort Zuhause sein kann. Selbst grosse Städte werden so klein. Leisten sich den Luxus, uns abzuschotten, suchen Grösse durch internen Wettbewerb. Würden Kantone fallen, gäbe es nur noch vier Himmelsrichtungen. Würden die inneren Grenzen des Landes geschliffen, müssten wir in grösseren Räumen denken. Wären da und dort zu Hause. Nicht nur hier.

Kolumnen aus New York (I–VI)

Stadt mit Tinnitus

Kurz vor der Abreise setzte ich mich an meinen Lieblingsplatz am Waldrand, blickte über die wunderbar kompakte Stadt und dachte, Gott, ist das schön. Warum wissen Kleinkrämer das nicht zu schätzen, warum liegt ihnen beim Namen der Stadt sogleich der Speichel des Spotts auf der Zunge? Liesse sich deren Spott in Energie umwandeln, wären neue AKWs kein Thema. Tja, vielleicht machen sie sich mal nützlich … Ich lauschte den vertrauten Geräuschen der Kleinstadt, genoss das Vogelgezwitscher, blickte nach den Baukränen und überlegte, was sich bis zur Rückkehr alles verändert haben würde. Schliesslich sandte ich meinen Gruss zum Homberg, zum Profil des liegenden Mannes, und bat ihn, in dieser Stadt nach dem Rechten zu sehen. Er möge dafür sorgen, dass sich der aufkeimende aufmüpfige Geist unter den Stadtlebenden nie wieder verflüchtige.

Jetzt sitze ich in New York, Eindrücke bündelnd. Diese widersprüchliche Stadt, mit mehr Einwohner/-innen, als die Schweiz fasst, mit dem Puls der Gehetzten, mit stetem Tinnitus, da mindestens in Manhattan der Strassenlärm nie endet, diese Weltstadt, die diesen Titel wirklich verdient, ist geordnetes Chaos und lebendigste Ordnung, grösstmöglicher Kompromiss und kompromisslose Individualität zugleich. Hier breiten an der Canal Street Muslime ihre Teppiche auf dem Trottoir zum Gebet aus, und Juden tänzeln dazwischen hindurch, während unsereins über Minarette streitet. Regnets, was es in diesen Tagen reichlich tat, gehen Frauen in Gummistiefeln, und niemand, aber auch gar niemand lässt einen dummen Spruch fallen, im Gegensatz zur Schweiz, wo kommentiert wird, was auffällt, nicht der Norm entspricht. Natürlich lenkt insbesondere hier, schier pro Block einmal, Starbucks mit einfältiger Vielfalt den Geschmack der Masse. In New York duftet es ebenso nach überlasteter Infrastruktur wie in Athen. Seelenlose Touristenquartiere hat es genauso wie in Luzern. Und in Gastrobetrieben arbeiten unglaublich viele Leute für einen Hungerlohn, und überall hat es Zuständige, wie ich sie im russischen Vladimir das letzte Mal gesehen habe. Der Doorman im Hochhaus, in dem wir aktuell wohnen, ist eine ganze Crew. Allesamt leben sie vom Trinkgeld. Armut und Wohlstand existieren derart offensichtlich nebeneinander, dass es uns Schweizern das Herz zerreisst; wir kehren das lieber unter den Teppich.

Ich bin froh, lebe ich nicht nur eine Woche in dieser Metropole, habe ich die Zeit, auch die feinen Seiten zu entdecken, jene Flecken, welche die Stadt lebenswert machen, die Schattierungen, die auch Kleinstädte so liebenswert machen.

Manhattan, Juni 09

Ketten, Kröten und Kilometer

Wer kennt das Gefühl, das einen überfällt, wenn man beim Aufenthalt in einer unschweizerisch grossen Stadt mit Quartieren, die um ein Zehnfaches bemenschter sind als der Kanton Solothurn, wenn man nach langem Marsch durch Touristen, Bettler und Gauner, wobei nicht klar ist, wer was will und was wer ist, wenn man im Café plötzlich feststellt, das Portemonnaie ist weg? Kennt ihr diesen hoffnungsvollen Zweifel zwischen «geklaut» und «liegen gelassen», der sich ins Unermessliche steigert, auf dem Weg zurück durch Viertel, wo täglich ein Laden schliesst und wöchentlich ein Restaurant verschwindet, weil die Krise derart brutal zugeschlagen hat und es weiterhin tut, während in der Schweiz die CVP darüber plaudert, welche Jobs für Studierte oder -ende zumutbar sein sollen? Je nach Tageszeit ist dieser Weg ein Spiessrutenlauf zwischen Pappbechern (morgens) oder Natels (Rest des Tages). Zu später Stunde hingegen sind es die schlafenden Stadtstreicher, die sich ihre Ruhe auch nicht von Ratten und Kakerlaken nehmen lassen. Der Spiessrutenlauf hat für uns ein Ende, seit meine Frau und ich mit dem Velo zur Schule fahren. Dafür wehren wir uns auf der Brooklyn Bridge lauthals gegen Passanten auf dem Fahrradstreifen. Hiesige Radler haben deshalb stets eine Trillerpfeife im Mundwinkel. Das Supersicherheitskettenschloss werfe ich mir für die Fahrt über die Schulter. Das beschert mir von radelnden und joggenden Heimischen anerkennende Blicke. Nur Freaks fahren hier Velo. Dafür sehen sie mehr. Wir kennen inzwischen Seiten der Stadt, von denen viele New Yorker nichts wissen. Nicht nur hier lebende Schweizer, 25 000 sind es offiziell – zum Beispiel ganz Solothurn und ein halbes Aarau sind weg, jedoch hausen sie nicht in Brooklyn Sunset Park, wo wir aktuell leben und auffallen, weil wir weder Asiaten noch Hispanics sind, wo auf der Strasse lebendige Fische, Schildkröten, Krebse und Kröten für den Topf angeboten werden. Wo wir rund um die Uhr beim Araber einkaufen können. Der Schulweg führt uns durch halb Brooklyn, auch durch Trendquartiere mit Studentenbeizen in Häusern, die bald nicht mehr bezahlbar sein werden, weil mit den Künstlern auch die Spekulanten kommen, nur damit in ein paar Jahren eine nächste neue oder die anhaltende alte

Krise wieder alles leer fegen wird. Die Schule ist im Empire State Building, wo 21 000 Menschen arbeiten! Stellt euch vor, am Jurasüdfuss stünden anstatt der hübschen Kleinstädte sieben Wolkenkratzer. Sonst nix. Auch das kann New York sein: Vorstellungskraft.

Brooklyn, Juni 09.
Das Portemonnaie, übrigens, lag daheim auf dem Esstisch, zu der Zeit noch in Manhattan.

Zwischen mehr und weniger

Wir planten, uns mit einem Essen gleich um die Ecke aus unserem Quartier in New York zu verabschieden, aus der Stadt, wo zwischen der Ausgangsmeile der New Yorker und derjenigen der Touristen Bettler ihr Dinner direkt aus Abfallcontainern zu sich nehmen. Einfach ist das nicht! Einen Ort zu finden, wo das Personal mehr als nur die Quartiersprache beherrscht. In unserem Fall Chinesisch. Den Abend versüssen wollten wir uns mit Glace vom Eiswagen, der stets mit derselben Kindermelodie via Lautsprecher durch die Strassen kurvt. Also marschierten wir lauschend los. Nur, was uns drei Wochen lang in Brooklyn berieselte, schien uns jetzt im Stich zu lassen. – Nein, einen Block weiter hörten wir es, zwar nicht «unser» Gedudel. Egal. Wir also der Sirenenmelodie entgegen und sie uns, bis sie ganz an uns vorbeirauschte auf dem Weg zum nächsten Standplatz. Pech. Kein Eis in der schnellsten Stadt der Welt. Schnell, sofern du die Zeit dazu hast. Zum Beispiel der Ausflug zum Wallmart (da wir für Freunde eine CD kaufen wollten, die nur dort erhältlich ist) war eine zweistündige Reise mit Subway und Bus in ein trostloses Reich unterschiedlichster Konsumtempel. Man nehme charakterlose Orte wie Gäupark und A1, multipliziere sie mit dem Faktor zehn, und man steht in dieser einkaufsparadiesischen Hölle in Queens, quasi am Abgrund New Yorks. Auch hier nicht ohne gewaltige Spuren dieser stillen Krise dank billiger Gier nach mehr für immer weniger. Ursache und Folge endlich vereint. Rein, CDs schnappen, raus, zurück in den Bus, wo wir einmal mehr auffielen, nun als weisse Tupfer unter Schwarzamerikanern. Eine Metrofahrt danach spazierten wir durchs West Village auf Manhattan. Auch hier auffallend auffällig, jetzt, weil wir an der Bezugslimite der Kreditkarte scheitern würden. In dieser Stadt mit Friedhöfen so gross wie das Industriegelände Olten SüdWest und einer beeindruckenden neuen Parkanlage (ohne direkten Wasserzugang!) anstelle des Hafens hat man oft irgendwie das Gefühl, aus dem Rahmen zu fallen. Nur bemerkt es niemand. Vielleicht sind deshalb die Möglichkeiten ohne Grenzen. Unbegrenzt auch, weil viele andere verzichten. Der Wasserverkäufer auf der Brooklyn Bridge beispielsweise. Oder der Eismann. Apropos Eis: Nachdem wir den Glacewagen definitiv aus den Ohren verloren hatten, gaben wir nicht auf und erlauschten uns irgendwann «unsere» Dudelei. Was haben wir diese Nach(t)speise verdient, dachten wir und denken jetzt, hier im Norden, in Maine haben wir zwar viel weniger von vielem in Geld Aufzuwiegendem, dafür gibts Wasservögel, die röhren wie rostige Fahnenmasten. Nachts.

Bar Harbor, Juli 09

Lustige Tierwelt und Glaubensfragen

Seit rund drei Wochen sind wir fern von jenem New York, wo Strassenbau und Abfallentsorgung nachts oder höchstens sonntags stattfinden, weil nur dann der Verkehr kaum behindert wird. Ruhetage sind in diesem Schmelztiegel der Kulturen branchenabhängig. Diverse Branchen liegen in den Händen bestimmter Volksgruppen, und es empfiehlt sich, zu wissen, wann diese ihre Feste feiern. Nun aber bewegen wir uns im Norden zwischen zeitloser Einsamkeit und kapitalen Touristennestern, von kleinen Abenteuern zu oft bescheidener Zivilisation. Eminent unwichtig fühlten wir uns dabei in der schier unwirklichen Wildnis des Baxter State Park. Nichts Elektronisches verbindet mit der Welt. Kein Surfen oder Blättern im Facebook erhöht den Stellenwert, erhört den Drang nach Anerkennung. Nur wir und Wald. Wir pirschen uns paddelnd an Elche heran und hoffen, es werde endlich Sommer. Apropos Selbstwert: Mir fällt auf, wie wenig aufgemotzte und tiefer gelegte Potenzsymbole sich auf den hiesigen Strassen bewegen. In Maine können sie es sich vielleicht nicht leisten, in New York ist der Verkehr zu dickflüssig. Da fällt nichts auf. Ausser Drehlicht und Sirene von Polizei und Feuerwehr, was mich stets an die Oltner Kilbi mahnt. Hier im Norden staunen wir über die Tierwelt. Schon mal eine Krähe ein klar artikuliertes «Aya» rufen hören? Beim Biberbeobachten erschütterten übers Wasser laufende Frösche, was wir zu wissen glaubten. Nichts Neues hingegen sind tierisch fahrlässige Zweibeiner, die in Turnschuhen Gipfel erklimmen, und die überdimensionierten Blechkäfer, die sich entlang der Küste auf Mount Desert Island stauen, als wollten sie sich massenhaft paaren. Trotz vorbildlich ausgebautem Gratis-ÖV. In Bar Harbor, der kleinen Inselmetropole, stellte meine Frau fest, so viel kaufbare Sinnlosigkeit auf derart engem Raum habe sie lange nicht mehr gesehen. Ich schätze mich glücklich, in keinem Touristenort zu leben. Ganz anders ist es auf Nova Scotia, wo bereits Hütten für Fish 'n' Chips und Gemeindezentren mit Kaffee zu touristischen Ehren kommen. Fast schottische Verhältnisse. Zwangsläufig denke ich, wir sollten uns in den heimatlichen Gefilden weniger auf einzelne Orte konzentrieren denn am Sinn für Gastfreundschaft und Distanzen arbeiten. So wie hundert Jahre für einen Kanadier viel Geschichte sind, sind hundert Meilen für einen Europäer eine grosse Distanz, sagte ein Heimischer beim Besuch eines ehemaligen Gerichts im Nirgendwo. Wie wahr. Jedoch nur, wenn man die Geschichte der Indianer ausradiert und die Schweizer Nochkleinerräumigkeit ausser Acht lässt.

Wreck Cove, Juli 09

Kaffeekolumne

Nach einem Monat noch einmal in New York, setze ich mich in das Brasil Coffee House in der Absicht, mich lesend über Welt und Geschehen schlauzumachen. Müsste nicht sein, denn auch hier liesse es sich leben, ohne den Rest der Welt für wahr zu nehmen. Keine Rede von der Schweiz. Das real existierende Land der vielen Kleinheiten und virtuellen Geschäfte besteht hier nur dank Federer und UBS. Tja. Ich kanns nicht ändern. Drei Dinge fallen mir im Café sogleich auf. Erstens ist der Espresso ausgesprochen gut. Erstaunlich … da hat jetzt doch glatt einer den

Kaffee vergessen, den er soeben bezahlt hat. Derart nötig hätte er ihn. Zweitens ist das Lokal nur angenehm air-conditioned. Oft grenzt es an Wahnsinn, wie unterkühlt hier alles ist. Drittens stehen nur zwei Angestellte hinter der Theke. Das ist ausserordentlich dünn. Ich erinnere mich an die Autowaschstrasse in Queens, bestehend aus sechs Jungs, allesamt schwarz wie guter Kaffee. Für sie bleibt der amerikanische Traum realistisch betrachtet vor allem Letzteres. Bedenkt man, woher sie kommen, ist das ein bisschen mehr als nichts. Immerhin. Die Arbeitslosenrate der jugendlichen Afroamerikaner ist nahezu viermal höher als der nationale Schnitt. Mehr als ein Drittel hat keinen Job. Was wollen oder sollen sie da anderes tun, als sich im Park zu treffen? Manhattan bleibt für sie, was es ist. Eine ferne Insel. Deren reiches Kulturangebot kann sich die breite Masse New Yorks ohnehin nicht leisten. Ich möchte mir nicht ausmalen müssen, wie es aussähe, wenn all die kleinen – in unseren Augen sinnlosen – Jobs mittels Filzstrich eines bonuskassierenden Managers wegfallen würden. Die bedienten Tankstellen, wie wir sie im Nordosten angetroffen haben. Oder die menschlichen Verkehrsschilder im Strassenbau anstelle von Ampeln. Jobs für Fremde. Diese klassischen Unterschiede haben wir mit Amerika gemein. Die Einwanderer erledigen die Drecksarbeit. Nur sind in Nordamerika fast alles Neuankömmlinge, seit vierhundert Jahren – nicht nur aus Kaffeeländern. Unser Gedächtnis ist diesbezüglich kürzer. Putzarbeit zum Beispiel ist oft nur Sache der ersten zwei Fremdgenerationen. Beim zweiten Kaffee komme ich mit dem Marokkaner hinter der Theke ins Gespräch. Das ist es, was ich hier wirklich schätze, die spontanen Unterhaltungen. Kann ich natürlich auch daheim erleben, wann und falls ich möchte. Initiative und Offenheit. Einmal mehr. Es liegt an mir, zwar nicht alles, jedoch weit mehr als nichts. Wer nun behauptet, die Amis seien aber oberflächlicher, überlege sich, wen die Antwort auf «Wie gohts?» wirklich interessiert.

Daheim, August 09

Distanz und Distanzen

Eigentlich sollte ich jetzt in Rumänien sein. Dieses Projekt ist leider in ungewisse Ferne gerückt (siehe *The Dead Brother's Song*). Das schafft Raum, die vergangenen zwei Monate aus Distanz zu betrachten. Acht Wochen mit viel Zeit, um durch Weite der Heimat näher zu kommen. Betrachtungen, bereichert mit Begegnungen. Im kanadischen Nigadoo zum Beispiel trafen wir im Bed and Breakfast eines Franzosen auf Holländer, die froh waren, keine

Landsleute getroffen zu haben. Ihnen gefiel ihre Reise ausserordentlich gut, nur hatten sie das Gefühl, vieles schon einmal gesehen zu haben. Auf kleinerem Raum in Europa. Ja. Um nicht ganz ins Bedeutungslose zu entschwinden, werden wir zu Europäern. Beim Hummeressen in Bar Harbor lobten uns Texaner, weil wir Europäer bereit seien, uns die Welt anzusehen. Eine Welt, die sich ändern liesse, wenn allein schon New York auf die Sonne setzen würde. Einfach gesagt, so aus Distanz zu da drüben, wo sie im kanadischen Abseits oft nicht mehr haben als viele Quadratmeter und einen grossen Rasenmäher. Wo sie für den Kinobesuch zweimal zwei Stunden unterwegs sind. Stellt euch vor, ein Hägendörfer ginge nicht nach Olten, weil ihm eine zwanzigminütige Velofahrt zu weit ist. So wäre nie möglich, dass Bern, Luzern und Zürich in Roggwil Konzerte besuchten, weil Musik nur da stattfände. Das ist die Dimension des multikulturellen 2,5-Millionen-Brooklyn. Nur, der Zürcher wäre bedeutend schneller in Roggwil als der Russe aus Brooklyn im Brooklyn der Afroamerikaner. Aber dazu müsste der Zürcher die Stadtmauer überwinden. Natürlich ist das Miteinander der Kulturen auch da drüben eine Mär, aber wenigstens ist es ein Nebeneinander. Seit meiner Rückkehr betrübt mich das helvetische Gegeneinander. Vor allem untereinander. Angefangen beim machthörigen Steuerkampf der Kantone über den kleinkrämerischen

Städtewettbewerb bis zum dilettantischen Knatsch im Bundesrat. Anstatt vielleicht einmal Grösse zu zeigen, bewegen wir uns nach wie vor innerhalb uralter Machtgebilde, konstruiert von damals (ein)gebildeten Mächten. Wir bilden uns ein, mittels Einteilung des Landes in Provinz und Nichtprovinz Letztere grösser, weltlicher zu machen. Unsere Grösse besteht jedoch darin, noch mehr Einkaufszentren zu bauen, als in den USA aktuell leer stehen. Bald werden unsere Altstädte lebendige Museen, wo mit Schauspielern das Bilderbuchmittelalter gelebt wird. Das würde Touristen aus Übersee in Scharen anziehen. So könnten sie dort nicht erlebte hier gelebte Geschichte erleben. Womöglich ist alles nur halb so schlimm. Und wir sind nur deshalb so distanziert, weil uns alles zu nahe ist.

Zeitgeist

In schnellen Zeiten wird kurz, was Weile hatte.
In Zeiten wie heute verliert Wert, was lange währte;
im Netz eskaliert, was langsam gärte.

Bilder quasseln,
Worte überrumpelnd.
Mit dem Tempo gehen Buchstaben verloren.

Einstmals konnten Taten adeln.
Heute bleibt Tadeln.

Mann im Mond

Mondphase III

Kürzlich traf ich den Mond. Nicht im Schlaf, nein, ich wandle nicht. Ich traf ihn so wie dich von Angesicht zu Mond. Wir hielten einen kleinen Schwatz, ganz unaufgeregt, doch ziemlich angeregt, von Mann zu Mann im Mond. Er da, ich Erde, und ich fragte ihn, warum er denn alle Monate die Nacht zum Tage machen müsse. Wozu Ebbe und Flut gut seien, Mondbier und -sucht, die Regel der Frau und andere Regelmässigkeiten. Das mache mich krank. Wozu das alles, wollte ich wissen. Doch er blieb stumm. Er schwieg mich genüsslich an, ich weiss, er machte sich lustig über meine vermeintliche Naivität. Er verletzte mich, mich so wohlweislich ignorierend in meinem Stolz. Da redete ich mich im Eifer zur Wut. Ich brachte mich in Rage, weil des Nachts er mich blende, mir den Schlaf raube. Er stehle mir bei seinetwegen geschlossenen Jalousien die Sicht auf die Sterne. Auf jene Sternbilder, die mir ein so friedliches Naturell bescheiden. Vollends rasend mache er mich, sobald er sich wie Narziss im Teich spiegle, wenn er sich in der Eitelkeit sonne. All das weckte in mir meine dunklen Seiten, drum zielte ich gut auf sein erbärmliches Grinsen und schoss ihn ab. Ja, kürzlich traf ich den Mond und habe den Mann getroffen. Nun schlafe ich wieder gut bis zum nächsten Vollmond.

Nonsense

«Wer auf den Klang eines einzelnen Buchstabens vertraut, wird vielleicht satt», dachte sich Ptr. Dnn r ht Q ggsn. Und viel T gtrunkn. Ptr ist eitl. R pflegt sein Äussrs durch fleissigs Kmn. Schliesslich ist r stolz auf seine Körprbhrung. Seine Eigenheit macht ihn philosophisch. «Sollt wr vergesslich sein, dr notiere s sich auf einm Zl», sagt Ptr, «so erspart man sich viel Ärgr.»

The Dead Brother's Song

Am Anfang war Lee Strassberg dann kam Morgenstern. Dazwischen und danach reichten sich Mut und Enttäuschung, Übermut und Angst die Hand. Ja genau, in etwa so war es. Manchmal wünsche ich, es wäre wahr. Aber wie so oft im Leben kommt und kam es anders. Übrigens schreibe ich das hier nur, weil es dies sonst nicht gäbe. Dieses Buch. Ich bin den Wirren Anfang 2009 zu grösstem Dank verpflichtet. Nun aber der Reihe nach.

*She was twelve years old and the sun had not seen her.
In darkness she bathed her and without moonlight she is making her hair.*

Da war also die unschuldige Idee eines Stipendiums für einen Schauspielintensivkurs, die in einer Koproduktion mit Jägern auf der Bühne endete. Da folgte das Abraten vom Intensivkurs durch eine wunderbare Schauspielerin aus Zürich, die schliesslich für die beiden Jäger Regie führte *(Waidmannsheil!* mit Strohmann-Kauz). Und da war Maia Morgenstern, die grossartige rumänische Schauspielerin, die einspringen sollte. Dazwischen liegen Athen und New York. Ja, Athen. Was für eine Stadt! Sie ist irgendwo zwischen heruntergekommen und gewaltig beeindruckend anzusiedeln. Besser als «heruntergekommen» beschreibt «run down» die Situation. Der atemraubende Unterschied zwischen Kommen und Rennen trifft, in welchem Tempo der Mensch grosse Errungenschaften vergammeln lassen kann. Wodurch auch immer. Bestimmt hatte die Stadt schon lange vor der griechischen Version der Krise ihre Unschuld eingebüsst. Vielleicht geschah es durch das unhaltbare unausgesprochene Versprechen nach ewigem Glück. Wer weiss. Das war im April 2009. Wie sich Athen heute anfühlt, nach Bankrott und Strassenschlachten, Ohnmacht und aufgestauter Untätigkeit, wage ich aus der vermeintlich sicheren Distanz nicht zu beurteilen. Sicher ist nur, nichts besteht für die Ewigkeit.

They've sent men from Babylon to ask her as a bride,
To take Arete too far away in the foreign lands.

Nach der verwehten Hoffnung eines Schauspielkurses in New York also, tauchte plötzlich Maia Morgenstern auf. Ich sollte zwei, drei Wochen nach Rumänien, war der neue Gedanke. Am 5. April 2009 reiste ich deshalb nach Griechenland. An demselben Abend sah ich sie in *The Dead Brother's Song* im Kappa-

Theater in Athen. In einer Inszenierung von Sotiris Hatzakis. Fünfsprachig. Mit griechischen Untertiteln. Ich verstand kein Wort und war hingerissen. Von der Kraft der chorischen Einsätze, von der Kargheit des Bühnenbilds, vom Schauspielensemble. Derart archaisches, kraftvolles, tiefschürfendes Schauspiel habe ich in der Schweiz noch nie erleben können. *Die Ballade vom toten Bruder* ist das Lied einer Familientragödie, von der Euphorie eines Einzelnen bis zum Untergang aller. Es erzählt unspektakulär die Geschichte der alleinerziehenden Mutter, Konstantin, dem ältesten von insgesamt neun Söhnen, und der einzigen Tochter Arete.

The eight brothers don't want and Constantine wants:
My mother, let's give Arete as a bride to the foreign lands.

Das Lied stammt offiziell aus dem neunten Jahrhundert, aus der Zeit des Byzantinischen Reiches. Laut Regisseur existieren nahezu dreihundert Varianten in fünf Landessprachen. Albanisch, Bulgarisch, Griechisch, Rumänisch, Serbisch. Die gemeinsamen kulturellen Wurzeln, (noch) nicht verheilte Feindseligkeiten sowie engstirnige Vorurteile gegenüber den Kulturen auf dem Balkan waren mehr als Grund genug für dieses internationale Theaterprojekt. Nach den Vorstellungen in Athen kam *The Dead Brother's Song* auch in Sofia, Bukarest und Tirana zur Aufführung. «Kunst kann Menschen zusammenbringen», sagte Hatzakis anlässlich der Premiere seiner neusten Schöpfung. Zurück bleibt für mich die Frage, warum ist das nötig, weshalb vergisst sich Mensch immer wieder? Die billigste aller Antworten lautet, es ist einfach so. Diese Haltung ist genauso bequem, wie es verheerend ist, nicht hinsehen zu wollen. Dass dem so ist, ist seinerseits keine Überraschung bei den aktuellen gesellschaftlichen Launen, die einer Wetterfee mehr Aufmerksamkeit zuteil werden lassen denn einer Politikerin, die dem Äusseren eines Nachrichtensprechers auch intern einen grösseren Stellenwert zukommen lassen als dem, was er zu berichten hat.

And if, my son, to me comes death, and if, my son, illness happens to come to me,
If bitterness or joy comes, who will go to bring her back to me?

Nach der Vorstellung traf ich Maia Morgenstern in der Garderobe. Im Verlaufe des Gespräches versprach sie mir mindestens eine Woche Unterricht. Irgendwo in Rumänien. Die langjährige freundschaftliche Beziehung zwischen ihr und dem Theaterstudio Olten hätte dies möglich machen können. Hat es nicht. Das ist inzwischen bekannt. Aus welchen Gründen auch immer. Krise? Zeit? Der Eindruck, den ich hinterliess? Wer weiss. Sie wird im Rahmen eines Doppelgastspiels Olten besuchen. Da werde ich ihr von New York erzählen, das habe ich ihr versprochen, damals an der Dernierenfeier in Athen.

And once they gave Arete as bride in the foreign lands
And years of misery and months of anger came
And death fell upon them and the nine brothers died
The mother was left all alone.

Tags darauf war ich allein. Ich zog durch die Stadt und lehrte mich das Fürchten. Die Angst frisst dich mit Sicherheit (überall), sobald dich die Unsicherheit packt. Und wie sie mich ergriff! Da schlenderte ich in dem einen Moment noch durch eine idyllische Fussgängerzone, und unversehens sah ich mich durch Athens Drogenszene eilen. Als ich den ersten Junkie zwischen zwei geparkten Autos sich einen Schuss setzen sah, dachte ich noch: «Na ja. Umkehren lohnt sich nicht.» Ungemütlich wurde mir, als an der nächsten Strassenecke gleich ein halbes Dutzend dasselbe tat. «Nur nichts anmerken lassen», schärfte ich mir ein, «das Schlimmste ist nun vorbei.» Von wegen! Im folgenden Strassenzug schien eine Generalversammlung mit direkter Kundenbefragung stattzufinden. «No, thanks.» Danke?! Gut pariert. Nach der nächsten Kreuzung rannte ich. Und wusste nicht mehr, wo ich war. Bravo, kleiner Junge.

The earth was shaken and Constantine came out.
He turns the cloud into horse and the star into bridle
And the moon into companion and goes to bring her back.

Ich dachte, Angst sei nicht so mein Ding. Doch selbst die omnipräsenten Polizisten vermittelten mir nicht das Gefühl von Sicherheit. Überhaupt, viel Polizei ist für mich eher Zeichen unsicherer Lage denn Ruhe. Ich verstehe da unsereins nicht ganz, die mehr Polizeipräsenz fordern. Würde jeder Einzelne vermehrt Verantwortung … Ach ja, die alte Leier. In Athen machten die Polizisten offensichtlich mit Vorliebe Jagd auf Strassenhändler. Ein lustiges Spiel übrigens. Sieht man vor sich eine Horde fremder Händler ihre zu verkaufende Habe mit ihren grossen Decken zusammenklauben und sie um die nächste Ecke hetzen, hat man mit Sicherheit eine Patrouille im Rücken. Oft sprudelt die gehetzte Händlerschar hinter der mutmasslich rettenden Ecke sogleich wieder hervor, um eine vermeintlich sichere Gasse zu finden, weil von links eine weitere Patrouille folgt. In aller Gemütlichkeit. Und von vorn tuckert der Polizeiwagen heran. Händler nach rechts, Polizei von links, Wagen von vorn und dazwischen die Drogenszene.

Come Arete in our home and let it be the way you are.

Sicherheit. Sie ist so zerbrechlich wie die Stützen der

Kultur, wenn Werte sich verirren. Die Werte wiederum sind so stark wie die Bande einer Familie, bis einer sie bricht. Aus Ruhmsucht. Aus Stolz. Aus Gier. Als Günstling eines fremden Hofes, einer Aktiengesellschaft, einer mächtigen Interessengruppe. Wie Konstantin, der den Himmel als Richter und die Heiligen als Zeugen nimmt, als er seiner Mutter verspricht, im Falle eines Unglücks oder Glücks seine Schwester zurückzuholen. Nachdem er seine kleine Schwester in die Ferne verheiratet hatte. Das Versprechen schützt die Familie nicht vor Unheil. Und rettet sie auch nicht. Selbst nicht, als er aus dem Grab steigt, um sein Versprechen einzulösen. Der Verrat an seinen Mitmenschen war vollbracht, als er den Verlockungen der Macht erlag.

Did you hear, my Constantine, what the little birds are saying?
That the alive walk along with the dead.

Versprechungen der Macht sind stets Versprecher einer politischen Elite. Allein schon der banalste Regulierungsversuch, wie die simple Quotenfrage zeigt, dass Zusagen aus Machtpositionen leere Worthülsen bleiben. Es ist naiv, zu glauben, die Qualität bestimme, ob ein Mann oder eine Frau ein Amt innehaben wird, solange via bestehende Beziehungen die Fäden gespannt werden können. Courant normale.

Die Bequemlichkeit ist zu gross, der Weg des geringsten Widerstands zu einfach, um Neuen die Türen zu öffnen. Die Dringlichkeit, etwas zu ändern, ist zu klein, der zu überwindende Schatten zu gross, da ich persönlich unter der aktuellen Situation keineswegs zu leiden habe. Gleichzeitig ist das Bedürfnis nach eigener Sicherheit zu stark. So ziehen Veränderungen und Stimmungen der Basis an der aktuell bestimmenden Generation irgendwie vorbei. Sie realisieren nicht, was geschieht. Ich glaube jedem einzelnen Politiker, jedem Vater, jedem Lehrer aufs Wort, sobald er sich überrascht gibt ob einer Strassenschlacht, ob des Phänomens der Raser, ob der Exzesse mit Alkohol, Bottellón und Harrassenlauf, ob der Grenzenlosigkeit in der Gewalt. Warum stossen an der Fasnacht in Solothurn zwei Hirnlose einem Dritten einen Schraubenzieher ins Hirn? Und weshalb will das niemand hören? Manchmal sticht mich der Eindruck, das Einzige, was noch interessiert, ist Steuerpolitik. Steuern bezahle ich, wie viel und wo ich möchte. Es zählt nur noch, was mir selber nützt. Die Perversion der individuellen Freiheit führt zur Wertefreiheit.

He mightily hits his horse and is lost from in front of her. And she hears the gravestone clashing, the soil buzzing.

Meine Angst ist, irgendwo schlummert ein unglaublicher Zorn, der wächst, je mehr er ignoriert wird.

Eine Wut, die groteske Formen annimmt, je mehr sie belächelt wird. Eine Ohnmacht, die provozieren muss, je mehr Gesetze und Polizisten Regeln und Werte ersetzen. Dieses seit ein paar Jahren grassierende und durch die überforderte erziehende Generation neu verordnete Sicherheitsgefühl ist so trügerisch wie die Zukunft der Aprikosenblüten vor den letzten Frosttagen und den Eisheiligen. Der Verrat an den eigenen Werten führt in *The Dead Brother's Song* zum Untergang der ganzen Familie.

Arete sets off and goes home by herself.
She sees her gardens leafless, the trees sickly,
She sees the mint dried, the carnation turned black.

Kein Wunder, nahm schon in den Sechzigern des letzten Jahrhunderts der griechische Regisseur Mikis Theodorakis dasselbe Lied zur Basis, um mit *The Ballad of the Dead Brother* auf die Schrecken des Bürgerkriegs und der damals aktuellen Situation Griechenlands hinzuweisen. Obwohl auch die Schweiz den Bürgerkrieg aus der eigenen Geschichte kennt, ist die Lage selbstverständlich nicht zu vergleichen. Mich erschreckt jedoch diese zwanghafte Toleranz gegenüber der Untätigkeit, dieses irre Festklammern am Überflusswohlstand und die mit Gegenleistung verknüpfte Grosszügigkeit. Mich irritiert die gedankenlose Fremdenfeindlichkeit der Kinder und Enkel von italienischen Gastarbeitern. Das breite Interesse an seichter Unterhaltung sowie das Desinteresse an Zusammenhängen. Das Schweigen einer Szene, das sich zur grossen Empörung entfaltete, als Roman Polanski verhaftet wurde. Mich nervt die strikte Weigerung, Fehler zu entschuldigen, geschweige denn, sie sehen zu wollen. Ich weiss, das sind kleine einfältige Beispiele, klein und launisch wie der ungestillte Hunger eines Zirkuslöwen.

Open the door, my mother, open it and see it is me, your Arete.
She came down, they hugged and they both died.

Klar, persönlich fehlt es mir an nichts, wofür ich sehr dankbar bin. Allgemein aber vermisse ich den uneigennützigen Sinn für die Allgemeinheit. Auch im Kleinen. Ich wünsche mir Dankbarkeit, bereits für das Wenige, das Kleine, das Unspektakuläre, das Einfache, das Persönliche. Das Kritische. Wir erwecken doch keine Toten, wenn wir uns wieder ein bisschen hinterfragen (lassen). Und sollten die Leichen im Keller zu grosse Schatten werfen, könnte man den kritischen Geistern eigentlich dankbar sein. Ich danke all denen, die sich bis hierher durchgelesen haben, zwischen den Zeilen und diagonal. Mein herzlichster Dank gilt allen direkt und nur indirekt erwähnten Personen, die das hier durch die vielen

Begegnungen in Athen, in New York, Olten und Daheim ermöglicht haben. Sie wissen, wen ich meine.

Krieg(en)

Was kriegt man
    in einer Welt, in der man alles haben kann?

Was hat man
    in einer Welt in der (man) alles ~~be~~kriegt?

Was hat man (noch),
    wenn man alles ~~be~~kriegen kann?

Ireland for Sale

Sowohl in der Republik als auch in Nordirland steht auf den meisten Schildern an der Strasse: «For Sale». Gefolgt von «Tourist Information» und den Hinweisen auf eine der unzähligen Kirchen. Inzwischen vereinzelt überzählig. Church of Ireland. Methodisten. Presbyterianer. Katholiken. Zu guter Letzt folgen die Schilder, die auf die eine oder andere Ortschaft hinweisen. Ballygalley. Clonmany. Derry. Sorry: Londonderry! Der vorgesetzte Name ist das Dankeschön der Unionisten an die Welten ferne Stadt London. Denn 1690 wurden die irischen Katholiken unter dem Schotten Jakob II. von den englischen Protestanten unter dem Holländer Wilhelm von Oranien vernichtend ge- und erschlagen. Fünf Jahre später wurde schliesslich auch per Gesetz die ganze Insel annektiert. Wohlhabende Katholiken konvertierten, um ihre Habe nicht zu gefährden. Den Verbleibenden wurden Landbesitz und Zugang zu Berufen untersagt. Ausverkauf war nie billiger. Alles jeweils im Namen Gottes. Später im Namen der Queen. Aber schön sind sie, die Paläste in Winchester und London.

Irland erlebte auch Dank der Europäischen Union in den Neunzigern ein paar goldene Jahre intakter, gar florierender Wirtschaft. Nordirland ging es schon zuvor rein wirtschaftlich deutlich besser. Dank der englischen Krone. Beides führte dazu, dass ein gewaltiger Boom die schöne Grüne Insel im Nu zersiedelte. 130 000 Häuser und Wohnungen jährlich. Bei dreieinhalb Millionen Lebenden. Tja, wir suchten im Sommer 2010 im Nordwesten Irlands die Einsamkeit. Und fanden die Zersiedelung. Nun steht nicht nur Letztere zum Verkauf. In Dublin zum Beispiel stehen schier ganze Quartiere mit wunderschönen Häusern aus dem 18. Jahrhundert leer. Vom erzkatholischen Bauernstaat entwickelte sich die Republik innert kürzester Zeit zu einem aufgeblasenen Ballon für Schnellverdiener. Rund fünfzig Jahre, nachdem die hundertjährige Auswanderungswelle endlich gestoppt wurde, hat sich die Schere zwischen Arm und Reich (wieder) masslos überdehnt. Eine ganze Insel hat sich verkauft wie ein Ferienort für Prominente in den Schweizer Bergen. Aber schön sind sie, die Strände oder Strassenzüge von Glencolumbkille und Bushmills.

Im rührseligen nordirischen Bushmills hatten wir im Übrigen eine interessante Begegnung mit einem Heimischen. Geschichten zum Zweiten Weltkrieg, Bombardierungen. Anderswo ausradierte Generationen. Vaters Erinnerungen an den Ersten. Ein Bewusstsein, das langsam, aber bestimmt zerbröckelt. Die Unterhaltung verlor leider sogleich an Horizont, sobald der rüstige Herr mit taubem Hund sich in dem einen Thema verfing. Zur Schlüsselfrage: «Do you believe in God?» – In Nordirland, wo erst 2009 der bis anhin letzte mutmasslich religiös motivierte Mord ausgeübt wurde, diese Frage zu stellen, grenzt an bösartigen Zynismus. In Belfast steht der mächtige Trennzaun zwischen den katholischen und den protestantischen Quartieren nach wie vor mit einer Selbstverständlichkeit wie parkierte Autos auf den Fahrradstreifen. Und die Tore zwischen Falls und Shankill Road werden nachts stets noch geschlossen. Ab 17 Uhr. Aber schön sind sie, die Wehrtürme des Glaubens. Und die Kathedralen.

Zugunsten des Missionars von Bushmills soll festgehalten sein, dass der religiöse Konflikt Irlands über Jahrhunderte hinweg stets heftig am tiefen sozialen Graben und wirtschaftlichen Kontrast zwischen alteingesessenen Iren und kolonisierenden Siedlern zerrte und zerrt. Attentate erschütterten und gehören zur Insel. So liess sie stets von sich hören. Die Geschichte Irlands ist geprägt durch einen einzigen Überfluss an Überfällen. Quasi das Konzentrat europäischer Machtpolitik. Jener Länder, die Geschichte haben. Von den keltischen Siedlern bis zur hausgemachten Finanzkrise. Nicht nur deshalb ist es umso erstaunlicher, dass die Fürsten von heute mit ihren Millionensalären kaum zur Rechenschaft gezogen werden. Man staunt über die ständige grosszügige Versöhnung. Das permanente Verzeihen. Vergessen. Als stünde die Politik als gefügiger Vasall in ihren Diensten. Und die Medien gäben nur den Hofnarren. Unterhalten. Aushalten. Das zu akzeptieren, würde doch, überspitzt gesagt, bedeuten, dass ich vor ein paar Hundert Jahren ebenso respektiert hätte, dass mich der Stadtstaat Solothurn als Söldner an den Krieg verkauft hätte. Oder meinen Sohn. Und meinen Vater aufgeknöpft, weil er sich als Bauer zu wehren wagte … Zurück nach Bushmills. Der Name der Ortschaft hat keinen Zusammenhang mit dem fanatischen ehemaligen US-Präsidenten. Bush heisst da der Fluss. Abwärts gings und gehts mit beiden. Bachab gehts und gings mit der ganzen Insel. Unabhängig vom Glauben. Aber schön sind sie, die Villen der Pauschalbesteuerten. Die Patrizierhäuser.

Das neue (altbekannte) Übel heisst Arbeitslosigkeit. Mit der Krise sanken nicht nur die Immobilienpreise in den Keller. Auch die Vernunft verliert offenbar jeglichen Halt. Werte ihren Grund und Boden. Während unseres dreiwöchigen Aufenthalts auf der Insel hörten wir von drei fremdenfeindlichen Übergriffen. Allein in Nordirland. Ursache allen Übels einmal mehr das Fremde. So sehen es offenbar vereinzelte Irländer. Zu viele mit dem Geschichtsbewusstsein einer Eintagsfliege. So sehen übrigens Tasmanier die Schweiz. Ein Einzelner zumindest. Ein von kriminellen Ausländern gepiesacktes Land sei das unsrige, erzählte uns in einem Hostel in Belfast ein Weltreisender aus Tasmanien. Er wiederum wusste dies von einem Swisscoy-Soldaten. Er wird ihn in der Schweiz besuchen kommen. Ich gehe davon aus, dass er sich nicht tiefer um die Belange Helvetias wird informieren müssen. Der Soldat wird ihm die Welt erklären. Ja, Reisen fällt heute leicht. Seit Starbucks und H&M zum Qualitätssiegel einer Stadt erkoren wurden, fühlt sich der Reisende überall zu Hause. Zum Kosmopoliten geboren. Und wem das Politische nicht in den Kram passt, der darf sich ungeniert Weltenbummler nennen. Denn schön sind sie, die Ferien im Ausland und die Einkaufsmeilen in den Weltstädten.

Auch wenn dieser Gedanke in einer verplanten Marktwirtschaft ein ketzerischer ist, und nicht nur, weil ich den Geruch von verbranntem Torf derart unverschämt liebe, aber manchmal wünschte ich mir auf dem Fahrrad auf den Strassen Irlands etwas Bescheidenheit zurück. In extremis manchmal jene Kargheit, wie sie in Rossbegg an der Nordwestküste zu finden ist. Dort trifft man vor allem viel Nichts. Und ein paar wenige Häuser. Ebenso tröstlich ist, ganz verloren ist die irische Bescheidenheit noch nicht. Die Iren machen aus ihren Wettervorhersagen am Fernsehen (noch) kein Brimborium. Die irischen Wetterpropheten plaudern jeweils nur ein Viertel so lang wie das helvetische, realsatirische Pendant. Aber schön ist sie, die Dachterrasse von Leutschenbach. Die Wetterfee.

Belfast, Juli 10

Strichpunkt

Wer hat sich nicht schon einen Neuanfang gewünscht. Die Zelte abbrechen, begleitet von der Hoffnung, damit auch die Erinnerung an ein peinliches Moment tilgen zu können. Dummerweise haben dergleichen Andenken offenbar eine Halbwertzeit von mehreren Generationen. Sie überleben dich. Solcherlei debattiert der Strich Erich ganz in und mit sich in Selbstgedanken.

Tags zuvor stritt er in der Lounge lange mit Punkt Frank über Sein und Gehen oder Klein und Bleiben. Frank verlustierte sich über Erichs Verlust der Möglichkeiten, sofern er wirklich bleiben wolle. Danach in der Loge erschien es Erich logisch, manche ziehen davon und setzen einen Punkt. Nur der Strich nicht. Von Zweifel gezeichnet, trifft Erich in der Lingerie auf Linie Antje. Ein Punkt sei auch nicht mehr als ein aufgeblasener Strich, gibt sie sich derart gerührt, dass es ihn peinlich berührt, nachdem er sich ihr hat offenbart. Egal, wohin es dich zöge, deine Bedenken zögen mit, bringt sich Antje in Schwung. Erichs gerade Gedanken geraten ins Schlingern, als sie fortfährt, auch ein Strich setze Zeichen in der Landschaft. Mehr denn ein Punkt.

Strichs Inspiration durch Antjes Ansichten dergleichen betört, beginnt zu blühen. Es knospet ihm ein Schmunzeln zwischen den Zeilen. Schlage ich vielleicht mal Wurzeln, punktet er los, ziehe ich unter dem Strich Pollen säend und Früchte tragend grössere Kreise als der, der sich in der Weite verliert. Mehr noch. Vor lauter Aufregung geht vergessen, was ihn sonst rot werdend die Sekunden zählen lässt.

Offenes Ende

Es war eine Probefahrt mit einem Cabrio. Er, der Fahrer, raste mit dem Testfahrzeug über die Autobahn. Sie, sie daheim, wusste von nichts. Es, das Geld für diesen Traum von Auto, lag lose auf dem Rücksitz. Lag. Der Fahrtwind zupfte an den schönen Scheinen und liess sie über die Autobahn tanzen. Eine Szene wie aus einem Film, wäre sie nicht wahr. Es stellt sich hier unweigerlich die Frage, wie kann man nur so unglaublich dumm sein?

Ist es Dummheit, lässt er, Werner Hanspeter zum Beispiel, die Polizei die Strasse sperren, sammelt verzweifelnd zwischen all den verkappten Langfingern nach den Hundertern, die quietschfidel über verzückten Augenpaaren ihre Runden flattern. Nur sie, sie daheim, steht fassungslos vor dem Flimmerkasten und sieht ihre Brötchen flöten gehen.

Vielleicht ist es aber schlicht nur Bösartigkeit. Der krude Werner denkt, andere verlieren Millionen (auch anderer), ohne dass sie es merken. Er opfert das Geld auf dem sechsspurigen Altar der gestauten

Individualität und setzt auf die blinde Gier der Nachfahrenden. Schliesslich ergötzt er sich am Auffahrunfall wie ein Brandstifter. Nur sie, sie steht fassungslos vor dem Flimmerkasten und sieht zu.

Schön wäre, es wäre schlecht kommunizierte Grosszügigkeit. Denn dann führe er weiter, in einem fort, und liesse sich nichts anmerken, strahlend dem Sonnenuntergang entgegen, das überdrehte Hupen ignorierend. Irgendwann befreite er sich auch vom Cabrio und sie, sie daheim, wäre nicht da …

Quellenverzeichnis

Ges(t)ammelte Werke
Mann erschiesst Waschmaschine
Walfreiheit I/II
Dem Schwein das Glück
Dumme Un- und Einfälle
Hoffnung
Schöpfung
Freie Liebe
Hommage an die Grosseltern
(Menschen) unter Strom
Mein nostalgisches Menschenbild
Der schöpferische Irrtum
Sündhafte Fantasie
Unterwäsche reizt Ordnungsfimmel

Nachtfieber
Zehn kleine Inselstaaten
Mondphase I–III
Das hohle Lied auf Einkaufszentren
Wenn Heidi mit Tell badet

Lions Clubs / SightFirst II – Ten by 2010
Sehen und gesehen werden

Buchmesse Olten 2009
Von netten Menschen

Für Privatfeiern
Alles Gute zum Geburtstag

Einweihung Gemeindehaus Härkingen
Schön ist das Gäu. Gell

Tag der offenen Seminartüren, Solothurn
Von Elfen

Diplomfeier Fachhochschule NWCH
Die Internationale im Bannwald

Ausstellung Zentrum Karl der Grosse, Zürich
Bin hier, nur nicht da

Anzeiger Thal Gäu Olten
Kolumnen aus New York (I–VI)

Relounge
Strichpunkt
Offenes Ende

Epilog

Kapital zwei ... Nein. Kapitel zwei: Der grosse Irrtum

Die Schlagzeile zu Schönenwerd. Damals in den Neunzigern. Sie werden sich erinnern: «Bally-Fabrik schliesst.» Das war eine Schuhfabrik von Welt. Mit Schuhen für Damen und Herren von ebenda. Bally hat eine ganze Region geprägt. Verändert. Offiziell musste sie aus wirtschaftlichen Gründen geschlossen werden. Ja, wirtschaftliche Gründe! Bitteschön. Was genau ist das? Konnte der Manager nicht mehr genug einstecken? Fehlte es der Bank an Gewinn? Waren die Margen zu tief? Ein Patron hätte ganz bestimmt andere wirtschaftliche Gründe gefunden. Um die Fabrik zu halten. Ein Familienbetrieb sähe die Verantwortung. Würde zwangsläufig in weitreichenden Dimensionen denken. Würden Staaten argumentieren, wie es die Wirtschaft seit ein paar Jahrzehnten tut, stünden ganze Länder auf der Strasse. Griechenland. Portugal. Island. Irland. Grossbritannien. Die USA. Spanien und Italien. Und die Regierungen würden frischfröhlich von Staat zu Staat weiterwechseln, bis sie die ganze Welt marodegekriegt hätten. Wären sie Wirtschaftskapitäne. Ohne Familienbande. Ohne die Ehre eines Patrons. Schöne Werte! Solange der Staat die Fehler der Wirtschaft ausbadet, anstatt Letztere an die Leine zu nehmen, muss die Wirtschaft nichts aus der Geschichte lernen. Schöne Bescherung.

Rhaban Straumann, geboren 1972, lebt seit seinen Zwanzigern in Olten und ungefähr seit der Jahrhundertwende als selbstständig erwerbender Schauspieler. Biografisches unter strohmann-kauz.ch.

Umschlag, Layout Bruno Castellani, Starrkirch-Wil
Satz chilimedia GmbH, Olten
Korrektorat Sam Bieri, Luzern
Illustration Jörg Binz, Olten
Druck und Einband Druckerei Ebikon AG

1. Auflage, Oktober 2010

ISBN 978-3-905848-34-2

Alle Rechte liegen beim Autor. Kein Teil des Werkes darf in irgendeiner Form ohne Genehmigung der Herausgeber verwendet werden.

Dieses Buch wurde in der Schweiz hergestellt.

www.knapp-verlag.ch

MIX
Papier aus verantwortungsvollen Quellen
FSC® C041277